Ein Zeltdach für München und die Welt
Die Verwirklichung einer Idee für Olympia 1972

Allitera Verlag

Fritz Auer

Ein Zeltdach für München und die Welt

Die Verwirklichung einer Idee für Olympia 1972

Allitera Verlag

Allitera Verlag
Ein Verlag der Buch&media GmbH, München

Redaktion: Dietlind Pedarnig
Printed in Europe · ISBN 978-3-96233-322-5

Allitera Verlag
Merianstraße 24 · 80637 München
Fon 089 13 92 90 46 · Fax 089 13 92 90 65

Weitere Publikationen aus unserem Programm finden Sie auf www.allitera.de
Kontakt und Bestellungen unter info@allitera.de

Layout, Satz und Umschlaggestaltung: Fritz Auer, Albine Oster
Gesetzt aus der Univers

Inhalt

Geleitwort

2022 feiert der Olympiapark sein 50-jähriges Bestehen und beeindruckt immer noch und immer wieder aufs Neue durch seine außergewöhnliche Architektur und Landschaftsgestaltung. Zeitlos beantwortet der Olympiapark, was Architektur und Gestaltung für die Gesellschaft leisten können, einen Ort der Begegnung, der Integration schafft, der Identifikation und Auseinandersetzung mit Geschichte, Gegenwart und Zukunft gleichermaßen ermöglicht. Die enge Verbindung von Ingenieurbaukunst und Landschaftsarchitektur sowie die Konstruktionsweise und Materialwahl und die dadurch erzeugte Transparenz, die besondere Farbgebung und das Design von Otl Aicher trugen dazu bei, dass der Olympiapark bis heute eine starke ikonografische Wirkung auf den Betrachter ausübt.

Die Nutzung des Olympiaparks war von allen Akteuren nie nur für die kurze Zeit während der Sommerspiele, sondern immer langfristig geplant. Nach den Spielen sind die aus diesem Anspruch entstandenen Erhaltungs- und Entwicklungsfragen von einer großen Zahl an Verantwortlichen übernommen worden. Anlässlich der Bewerbung Münchens um die Austragung Olympischer und Paralympischer Winterspiele 2018 wurde die nachhaltige Entwicklung des Olympiaparks als Sportstätte, Veranstaltungsort und (Nah-)Erholungspark noch einmal intensiv in den Blick genommen. Es entstanden eine Bestandsaufnahme des Olympiaparks (2008), die landschafts- und stadtplanerische Rahmenplanung (2011) für eine langfristige Perspektive, das Parkpflegewerk (2012) als konkreter Leitfaden für den weiteren Umgang sowie das Gestaltungshandbuch (2015).

Die Planung und Realisierung der Olympischen Spiele und des Olympiaparks setzten um 1970 einen gesellschaftlichen wie politischen Wandel von ungeheurer Kraft in München frei, der auch das Selbstgefühl der Bundesrepublik veränderte. Weltweit steht der Olympiapark seit damals für den baulichen Ausdruck eines freiheitlich-demokratischen Menschenbildes. Im Wissen um die Verantwortung für das außergewöhnliche kulturelle Erbe hat der Münchner Stadtrat 2018 den Auftrag erteilt, das Nominierungsverfahren für den Olympiapark als UNESCO-Weltkulturerbe unter Leitung des Referats für Stadtplanung und Bauordnung aufzunehmen. Heute wie damals bedarf es eines großen Engagements, den Park zu erhalten und weiterzuentwickeln. Dies ist eine gesamtstädtische Aufgabe, an der viele Akteure beteiligt sind, von der Olympiaparkgesellschaft, den Stadtwerken München, dem Freistaat, den Bewohner*innen des Olympischen Dorfes bis zum Stadtrat der Landeshauptstadt München, der, wie in einer Bauhütte der großen Dombauwerke, jährlich viele Millionen für den Erhalt des Gesamtkunstwerks in den städtischen Haushalt einstellt, um es lebendig und nutzbar zu erhalten.

Ein Blick zurück zeigt das enge Zusammenwirken der Protagonisten bei der Entstehung des Parks. NOK-Präsident Willi Daume und Altoberbürgermeister

Dr. Hans-Jochen Vogel haben dafür gesorgt, dass der Olympiapark als Austragungsort der XX. Olympischen Sommerspiele 1972 erst vorstellbar und dann planbar wurde. In dem 1967 ausgeschriebenen Ideen- und Bauwettbewerb „Spiele im Grünen, Olympiade der kurzen Wege, Fest der Musen und des Sports, Spiele für die Jugend" gaben sie das Leitmotiv der Spiele vor, dem sie die Eigenschaften „leicht", „fröhlich" und „beschwingt" zuwiesen. Die Architekten Behnisch & Partner – Günter Behnisch, Fritz Auer, Winfried Büxel, Erhard Tränker und Karlheinz Weber unter Mitwirkung von Jürgen Joedicke – setzten mit ihrem legendären Strumpfmodell als Gewinner des Wettbewerbs diese Vorgaben bildhaft um. Das Modell zeigte eine völlig neue Verbindung aus Architektur und Topografie, eine fließende Architektur- und Parklandschaft ohne räumliche Grenzen, zugänglich, offen und auf Interaktion angelegt. Die Idee dazu fand Fritz Auer in seiner Untersuchung zu Olympischen Anlagen und Sportstätten in den Erdstadien von Katowice, Polen, und Charkow, Ukraine. Dass dieser visionäre Wettbewerbsentwurf durch zukunftsweisende Lösungen baulich umgesetzt und der Olympiapark zum Gesamtkunstwerk werden konnte, dazu haben unter der künstlerischen Oberleitung von Behnisch & Partner, Leonhardt und Andrä, Frei Otto, Günther Grzimek, Otl Aicher und Heinle Wischer + Partner beigetragen. Diese stützten sich wiederum auf die Beratung von Expert*innen und die Beteiligung vieler weiterer Planer*innen.

Der Münchner Olympiapark ist Auftrag und Verpflichtung zugleich. Dass einer seiner Erfinder, Fritz Auer, mit dieser Publikation nochmals das Entstehen und Werden dieses unvergleichlichen Großbauprojekts beschreibt, fordert uns auf, über die Zukunft des Parks zu reflektieren: innovativ und mit Respekt für unser zukünftiges Welterbe.
Für mich verwandelt der Olympiapark immer wieder Konstruktion in Poesie und lädt damit zum Nachdenken über unsere Werte, nicht nur als Architekten und Gestalter, sondern als Gesellschaft ein.

Elisabeth Merk

Prof. Dr. (I) Elisabeth Merk, Stadtbaurätin der Landeshauptstadt München
München, März 2022

Vorwort

Als es ab 1994 um den Umbau des Olympiastadions in eine reine Fußballarena ging, nahm ich mir vor, meine persönlichen Erinnerungen an die Entstehung des Olympiaprojekts ab dem Wettbewerb 1967 bis zur Realisierung des „Zeltdachs" 1971 aus dem Gedächtnis aufzuschreiben – zunächst ohne an eine Publikation zu denken.

Als letzter noch Aktiver der „Olympiaarchitekten" aus der ehemaligen Partnerschaft Behnisch & Partner und damals für die Planung und Realisierung der Überdachung der drei Hauptsportstätten im Namen unserer Gruppe verantwortlich, wurde ich in letzter Zeit des Öfteren angesprochen, ob ich diese Erinnerungen nicht einer größeren Öffentlichkeit mitteilen wolle.

Diesem Anliegen komme ich gerne mit der vorliegenden Publikation nach in der Hoffnung, dass dadurch etwas Licht auf die Entwicklung dieses Projekts, insbesondere des „Zeltdachs", fällt, das heute als Landmarke im Münchener Stadtbild steht, als Symbol für den Geist der Spiele 1972, deren 50-jähriges Jubiläum in diesem Jahr ansteht.

Prof. Fritz Auer
München, März 2022

Zur Entstehung des Olympiaprojekts vom Wettbewerb bis zur Fertigstellung

Am 28. Oktober 1965 schlug Willi Daume, der Präsident des Nationalen Olympischen Komitees, dem damaligen Münchner Oberbürgermeister Hans-Jochen Vogel vor, dass sich die Stadt für die XX. Olympischen Spiele 1972 bewerben sollte. Nach einer kurzen Bedenkzeit konnte der damals 39-jährige OB dieses Daume zusichern.

Unter dem Motto „Olympische Spiele im Grünen, der kurzen Wege, der Musen und des Sports" bewarb sich die Landeshauptstadt am 30. Dezember 1965 beim Internationalen Olympischen Komitee in Lausanne.

Hinter diesem Motto stand der Wunsch nach einer Rückbesinnung auf die ursprünglichen Spiele der Antike – und darüber hinaus nach einer Selbstdarstellung der noch jungen bundesdeutschen Demokratie gegenüber der Weltöffentlichkeit, 36 Jahre nach den „braunen" Spielen in Berlin 1936.

Auf dem etwa 3 qkm großen Gelände des Oberwiesenfelds, ehemals Exerzierplatz, dann erster Münchner Verkehrsflughafen, sollten die wichtigsten Anlagen zusammengefasst werden: die Hauptsportstätten, das Olympische Dorf, eine Zentrale Hochschulsportanlage mit ausgedehnten Trainingsplätzen und das für die Erschließung und Verbindung der Bereiche erforderliche Wege- und Straßennetz.

Das Bewerbungsmodell zeigte eine noch fiktive Anlage der drei Hauptsportstätten auf einem großen Plateau, welches den damals im Entstehen begriffenen Mittleren Ring überbrücken sollte; mit den Ansätzen eines Olympischen Dorfs im Nordteil des Geländes.

Die Bewerbung in Lausanne überzeugte das Internationale Olympische Komitee – gegenüber den Mitbewerbern Detroit, Montreal und Madrid – und vergab die Sommerspiele 1972 am 26. April 1966 in Rom an München.

Heiligtum Olympia, Zugang zum Stadion, um 400 v. Chr.

Olympische Läufer auf einer antiken griechischen Amphore

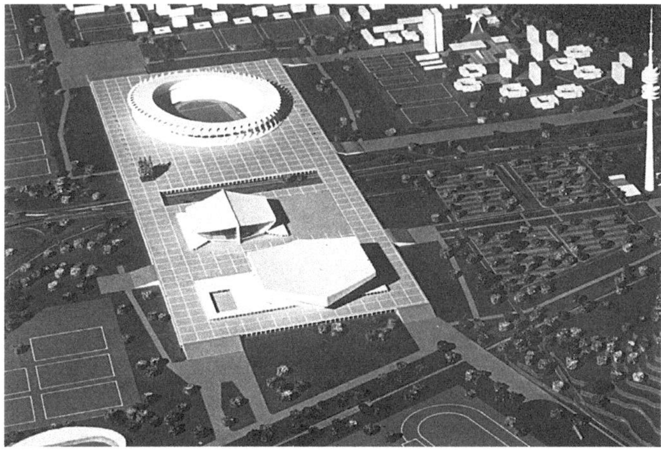

Bewerbungsmodell der Landeshauptstadt München für Olympia '72, 1965

In der Folge schrieb die Landeshauptstadt am 1. Februar 1967 den nationalen „Ideen- und Bauwettbewerb für die Bauten und Anlagen der XX. Olympischen Spiele 1972 auf dem Oberwiesenfeld in München" aus.
In der Aufgabenbeschreibung hieß es unter anderem: „Ziel des Wettbewerbs ist es, für die XX. Olympischen Spiele 1972 in München einen würdigen städtebaulichen und architektonischen Rahmen zu finden und für die spätere Nutzung der einzelnen Anlagen die funktionell und wirtschaftlich beste Lösung zu gewinnen."

Zunächst überwog bei Günter Behnisch und den Partnern eher die Meinung, sich am Wettbewerb nicht zu beteiligen mit dem Argument, dass man auf anderen Gebieten, zum Beispiel auf dem der Schul- und Universitätsbauten, mehr Erfahrung und damit mehr Erfolg hätte. Durch meine Argumentation, dass dies eine für das Büro nie wiederkehrende Chance darstelle, ließen sich die anderen jedoch schließlich überzeugen.

Das Büro Behnisch vor Gründung der Partnerschaft, 1966

Architekten-Wettbewerb

für die XX. Olympischen Spiele 1972 in München

A) Allgemeine Bedingungen

Das Internationale Olympische Komitee hat am 26. April 1966 die XX. Olympischen Spiele 1972 nach München vergeben. Aus diesem Anlaß wird ein Architekten-Wettbewerb ausgeschrieben.

1. Auslober

Die Landeshauptstadt München schreibt einen städtebaulichen Ideenwettbewerb verbunden mit einem Bauwettbewerb für die olympischen Sportstätten auf dem Oberwiesenfeld innerhalb der Bundesrepublik Deutschland, einschließlich West-Berlins. aus.

Sie tut dies, nachdem über die Auslobungsbestimmungen Einvernehmen mit der Bundesrepublik Deutschland und mit dem Freistaat Bayern erzielt worden ist, und in der Erwartung, daß Rechte und Pflichten dieser Auslobung auf eine, von der Bundesrepublik Deutschland, dem Freistaat Bayern und der Landeshauptstadt München noch zu gründende Bauträger- und Finanzierungsgesellschaft übertragen werden.

2. Wettbewerbsart

Städtebaulicher Ideenwettbewerb und Bauwettbewerb.

3. Wettbewerbsbereich

Gebiet der Bundesrepublik Deutschland, einschließlich West-Berlin.

4. Teilnahmeberechtigung

Teilnahmeberechtigt sind alle Architekten oder Architektengemeinschaften — und in Verbindung mit diesen auch Fachingenieure, Verkehrsingenieure und Gartenarchitekten, welche die deutsche Staatsangehörigkeit besitzen oder früher besaßen und die seit dem 1. Januar 1967 ihren Wohnsitz in der Bundesrepublik Deutschland einschließlich West-Berlin haben oder bei Verlust der deutschen Staatsangehörigkeit früher in Deutschland hatten. Juristische Personen können — mit Ausnahme von Ingenieurfirmen, die Niederlassungen im Gebiet der Bundesrepublik Deutschland einschließlich West-Berlin haben und Mitarbeiter von Teilnahmeberechtigten sind — am Wettbewerb nicht teilnehmen. Mitarbeiter oder Assistenten eines Wettbewerbsteilnehmers sind von der selbständigen Bearbeitung, unmittelbare Mitarbeiter oder Assistenten eines Preisrichters oder stellvertretenden Preisrichters von jeder Teilnahme ausgeschlossen, sofern die Verbindung nicht mindestens drei Monate vor dem Abgabetermin des Wettbewerbs gelöst worden ist.

Nicht zugelassen zum Wettbewerb sind ferner alle Verwandten ersten Grades, Teilhaber, unmittelbar unterstellte oder unmittelbare Vorgesetzte der Preisrichter, der stellvertretenden Preisrichter und der Vorprüfer. Nicht zugelassen sind alle Personen, die an der Auslobung und der Ausarbeitung der Wettbewerbsunterlagen beteiligt waren.

Arbeits- und Bürogemeinschaften gelten als ein Wettbewerbsteilnehmer. Sie dürfen sich mit nicht mehr als einem Entwurf am Wettbewerb beteiligen. Verstöße hiergegen haben den Ausschluß sämtlicher Arbeiten der Beteiligten zur Folge.

Bei Abgabe der Wettbewerbsarbeit sind sämtliche Mitarbeiter mit Namen zu nennen.

Den Teilnahmebedingungen müssen nur die federführenden Architekten entsprechen, die nach den gesetzlichen Bestimmungen des Bundeslandes, in dem sie ihren Wohnsitz haben, die Berufsbezeichnung „Architekt" führen oder die schulische Voraussetzung hierfür erfüllen.

Es wird erwartet, daß sich nur wirklich leistungsfähige Architekten oder Arbeitsgemeinschaften von Architekten beteiligen, die ggf. auch die außerordentlich umfangreiche Planungsaufgabe bewältigen können.

5. **Namentliche Einladung**

Zusätzlich zu dem allgemein zugelassenen Teilnehmerkreis wird vom Auslober die Architektengemeinschaft Henschker/Deiß besonders zum Wettbewerb eingeladen.

6. **Preisgericht**

Das Preisgericht zur Beurteilung der Wettbewerbsarbeiten besteht aus:

Fachpreisrichter

Professor Dr. Ing. Gerd Albers, München
Professor Dr. Ing. e. h. Egon Eiermann, Karlsruhe
Professor Herbert Jensen, Braunschweig → 1965
Professor Dr. Ing. F. W. Kraemer, Braunschweig
Dipl.-Ing. Architekt Ernst Maria Lang, München →
Stadtbaurat Edgar Luther, München →
Professor Roland Rainer, Wien
Ministerialdirektor Hans Rossig, Bad Godesberg
Stadtbaurat a. D. Walther Schmidt, Augsburg
Ministerialdirigent Professor Clemens Weber, München →

Sachpreisrichter

Bürgermeister Georg Brauchle, München
Präsident Willi Daume, Dortmund
Kultusminister Dr. Ludwig Huber, München
Bundesinnenminister Paul Lücke, Bensberg
Dipl.-Ing. Heinz Noris, München
Finanzminister Dr. Konrad Pöhner, Bayreuth
Ministerialdirektor Ludwig Spörl, München
Bundesfinanzminister Dr. h. c. Franz Josef Strauß, Rott a. Inn
Oberbürgermeister Dr. Hans-Jochen Vogel, München

Stellvertretende Fachpreisrichter

Professor Gustav Hassenpflug, München
Stadtbaudirektor Albert Heichlinger, München
Ministerialdirigent Karl Jahn, Bad Godesberg
Oberbaudirektor Karl Delisle, München
Ministerialrat Gerhard Rothenfußer, München

Stellvertreter für die Fachpreisrichter Prof. Eiermann, Prof. Jensen, Prof. Kraemer, Architekt Ernst Maria Lang und Prof. Rainer sind in folgender Reihe:
Professor Fritz Jaenecke, Aachen
Professor Werner Düttmann, Berlin
Professor Harald Deilmann, Münster
Dipl.-Ing. Architekt Reinhard Riemerschmid, München
Dipl.-Ing. Architekt Georg A. Roemmich, München

Stellvertretende Sachpreisrichter:

Stadtschulrat Dr. Anton Fingerle, München
Generalbevollmächtigter Berthold Beitz, Essen
Staatssekretär Erwin Lauerbach, München
Ministerialrat Dr. Cornelius von Hovora, Winterscheid
Diplomsportlehrer Architekt Friedrich Roskam, Köln
Staatssekretär Anton Jaumann, München
Ministerialdirigent Dr. Hans Stumm, München
Staatssekretär Walter Grund, Bad Honnef
Bürgermeister Albert Bayerle, München

Sachverständige Berater

für Verkehr	Professor Karl-Heinz Schaechterle, München
für Sport	Ministerialdirigent Bernhard Baier, Hannover
für Statik	Professor Dr. Ing. Hubert Rüsch, München
für Landschaftsgestaltung	Professor Ludwig Roemer, Söcking
für Bauorganisation	Professor Georg Burkhardt, München

Vorprüfer

Regierungsbaudirektor Julius Melzer, München
Oberregierungsbaurat K. Wolfgang Boresch, München
Städt. Baurat Herbert Weidenschlager, München

7. **Preise und Ankäufe**

An Preisen werden angesetzt:

1. Preis	DM 100 000,—
2. Preis	DM 80 000,—
3. Preis	DM 60 000,—
4. Preis	DM 40 000,—
5. Preis	DM 20 000,—
ferner 10 Ankäufe zu je DM 10 000,—	DM 100 000,—
Gesamtsumme	DM 400 000,—

Das Preisgericht kann entsprechend dem Ergebnis des Wettbewerbs eine andere Aufteilung der Preise im Rahmen der Gesamtsumme vornehmen.

Im Falle einer Beauftragung wird die Preissumme nicht auf das Auftragshonorar angerechnet.

Die Entscheidung des Preisgerichts ist unanfechtbar, der Rechtsweg ist ausgeschlossen.

8. **Weitere Bearbeitung der Aufgabe**

Es ist beabsichtigt — soweit die dem Wettbewerb zugrunde liegenden Aufgaben verwirklicht werden — einen oder mehrere Preisträger mit der weiteren Bearbeitung der Gesamtaufgabe oder von Teilaufgaben gemäß § 21 Abs. 2 GRW zu beauftragen. Voraussetzung ist, daß das Preisgericht den in Frage stehenden prämiierten Entwurf als geeignete Grundlage der weiteren Bearbeitung ansieht und die Person des Verfassers nach Auffassung des Auslobers für die Bewältigung der Aufgabe Gewähr bietet. Der Auslober behält sich vor, ggf. die Einrichtung eines Planungsbüros an Ort und Stelle zu verlangen.

Die baureifen Pläne einschließlich aller sonstigen Unterlagen sind im Auftragsfall innerhalb von 12 Monaten nach Auftragserteilung zu erstellen.

9. **Eigentums- und Urheberrecht**

Die ausgezeichneten Arbeiten werden Eigentum des Auslobers. Das Urheberrecht und das Veröffentlichungsrecht außerhalb des Auslobungsverfahrens bleiben dem Verfasser erhalten.

10. **Kennzeichnung der Arbeiten**

Die Wettbewerbsarbeiten sind in allen Stücken durch eine Kennzahl aus 6 arabischen Ziffern von zusammen 4 cm Länge und 1 cm Höhe zu bezeichnen. Die Kennzahl ist in jedem Fall — auch bei Schriftstücken — nur in der rechten oberen Ecke, beim Modell in der rechten oberen Ecke des Sockels, anzubringen.

Der Wettbewerbsverfasser hat zusammen mit den Wettbewerbsarbeiten die beiliegende Erklärung abzugeben. Sie ist mit einem verschlossenen und undurchsichtigen Umschlag zu versehen, der die gleiche Kennzahl trägt wie die Wettbewerbsarbeiten.

Die Wettbewerbsarbeiten sind zur Wahrung der Anonymität in verschlossenem Zustand ohne Kennzahl und Absender oder sonstigen Hinweis auf den Verfasser einzureichen. Bei Zustellung durch die Post oder die Bahn ist als Deckadresse des Absenders die Anschrift des Auslobers anzugeben.

11. **Abgabetermin**

Die Wettbewerbsarbeiten sind bis 3. Juli 1967, 23.00 Uhr, bei der Münchner Messe- und Ausstellungsgesellschaft mbH, 8000 München 12, Theresienhöhe 13, einzureichen oder spätestens am 3. Juli 1967 vor 23.00 Uhr bei der Post oder

B) Aufgabe und besondere Angaben

1. Wettbewerbsaufgabe

Ziel des Wettbewerbes ist es, für die XX. Olympischen Spiele 1972 in München einen würdigen städtebaulichen und architektonischen Rahmen zu finden und für die spätere Nutzung der einzelnen Anlagen die funktionell und wirtschaftlich beste Lösung zu gewinnen. Der Wettbewerb umfaßt deshalb

1.1 **als Ideenwettbewerb die Gesamtanordnung der Bauanlagen für die Olympischen Spiele auf dem Oberwiesenfeld in München,**

1.2 **als Bauwettbewerb die Gestaltung der Kampfstätten und der unter B 5.6 — 5.8 aufgeführten Anlagen.**

2. Baugrundstücke und städtebauliche Bindungen

Wettbewerbsgelände ist das rd. 4 km nordwestlich der Stadtmitte gelegene Oberwiesenfeld von der Schwere-Reiter-Straße und Bechsteinstraße im Süden bis zur Moosacher Straße im Norden, von dem Industriegleis am Westrand bis zur Lerchenauer Straße im Osten. Das Gelände umfaßt etwa 280 ha; es ist im beigegebenen Lageplan M 1 : 2500 gekennzeichnet.

Bindend für die Bearbeitung ist der Gesamtverkehrsplan vom 10. 7. 1963 (C 2.07); ferner der im Flächennutzungsplan festgelegte Gesamtcharakter des Oberwiesenfelds als parkartiges Grüngebiet. Stadtgliedernde Grünzüge strahlen vom Oberwiesenfeld nach Westen und Osten entlang des Nymphenburg-Biedersteiner Kanals, nach Norden in Richtung zur Stadtgrenze hin aus. Sie müssen der Bevölkerung zur Erholung zugänglich sein. Der ca. 50 m hohe Schuttberg im südlichen Teil des Oberwiesenfelds ist bereits zum Teil parkartig bepflanzt; sein Nordabhang wird als Ski- und Rodelberg gestaltet.

Die neue Baugruppe des Fernsehturms und der Eissporthalle samt ihren Nebenanlagen ist in den Wettbewerbsentwurf sinnvoll einzuordnen.

Die Bewerbung der Stadt stand unter den Leitgedanken: „Olympische Spiele im Grünen und der kurzen Wege". Diesen Leitgedanken muß die Lösung der Wettbewerbsaufgabe entsprechen. Alle unter B 4.1 genannten Bauvorhaben müssen auf dem Oberwiesenfeld untergebracht werden, ohne daß der Charakter eines parkartigen Geländes gestört wird.

2. Bauwettbewerb

2.1 Modell M. = 1 : 1000

der Gruppe der Kampfstätten (B 4.1) und Nebenanlagen.

2.11 Modellausführung

Es sind nur weiße Modelle zulässig

2.2 Plandarstellungen

Es ist nur Schwarz-Weiß-Darstellung (mit einer nachstehend — 2.21 — genannten Ausnahme) zugelassen. Folien dürfen bei der Darstellung auf den Originalen — von denen Lichtpausen eingereicht werden — verwendet werden. Auf den eingereichten Plänen dürfen keine Folien aufgeklebt sein.

2.21 Lageplan M. = 1 : 1000 der Kampfstätten und Nebenanlagen (B 4.11—B 4.13). In diesem Lageplan sind mit dünnen farbigen Linien die wichtigsten Wege der aktiven Sportler (rot), der Zuschauer (blau), der Fahrzeuge von Zuschauern (violett) und, soweit erforderlich, Spazierwege (grün) und Zufahrten für Versorgungsfahrzeuge (braun) anzugeben. Bei den Planzeichnungen wird nicht so sehr Wert auf detaillierte Darstellung, als vielmehr auf übersichtliche Kenntlichmachung der Zusammenhänge gelegt.

2.22 Grundrisse des Stadions . . . . M. = 1 : 500
Schnitte und Ansichten des Stadions . . . . 1 : 200
Schnittdarstellung, die die konstruktive Grundidee des Stadions erkennen läßt . . . . 1 : 100

2.23 Grundrisse der Sporthalle . . . . 1 : 500
Schnitte und Ansichten der Sporthalle . . . . 1 : 200
Schnittdarstellung, die die konstruktive Grundidee der Sporthalle erkennen läßt . . . . 1 : 100

2.24 Grundrisse der Schwimmhalle . . . . 1 : 500
Schnitte und Ansichten der Schwimmhalle . . . . 1 : 200
Schnittdarstellung, die die konstruktive Grundidee der Schwimmhalle erkennen läßt . . . . 1 : 100
Der Zustand während und nach den Spielen ist darzustellen.

2.25 Grundrisse der Zentralen Hochschulsportanlage . . . . . . 1 : 500
Schnitte und Ansichten der Zentralen Hochschulsportanlage . . 1 : 200
Darstellung der Freisportanlagen im Lageplan 1:2500

2.26 Grundrisse des Pressezentrums, der Parkgaragen und aller sonstigen Verbindungsbauten, soweit sie nicht sinnvoll mit den Darstellungen zu D 2.22 bis D 2.25 verbunden werden . . . . 1 : 500
Schnitte und Ansichten hierzu . . . . 1 : 500

Meine Motivation, an diesem Wettbewerb unbedingt mitzumachen, lag, über den Anspruch der Aufgabe in München hinaus, vielleicht auch darin begründet, dass ich mich seit meiner Jugendzeit für Olympische Spiele begeistern konnte, ausgelöst durch die Einstiegsdroge der „Cigarettenbilder"-Alben von den Olympischen Winter- und Sommerspielen 1936 in Garmisch-Partenkirchen und Berlin.

oben: Olympia-Album 1936, Cover und Illustrationen
rechts: Olympia-Album 1936 mit eingeklebten „Cigarettenbildern"

DIE LÄUFE

Der schnellste Mann der Welt: Jesse Owens-USA

DER 100-METER-LAUF

Olympischer Rekord: 10,3 Sek. Eddie Tolan-USA 1932
Weltrekord: 10,3 Sek. Percy Williams-Canada 1930

Olympia-Sieger:

1896	T. E. Burke-USA	12	Sek.
1900	F. W. Jarvis-USA	10,8	„
1904	A. Hahn-USA	11	„
1908	R. Walker-Südafrika	10,8	„
1912	R. C. Craig-USA	10,8	„
1920	C. W. Paddock-USA	10,8	„
1924	H. M. Abrahams-Großbritannien	10,6	„
1928	P. Williams-Canada	10,8	„
1932	E. Tolan-USA	10,3	„
1936	J. Owens-USA	10,3	„

1. Vorlaufserie

1. Lauf: 1. Strandberg-Schweden 10,7 Sek.; 2. Yoshioka-Japan 10,8 Sek.; ausgeschieden: Kersch-Deutschland, Carlton-Frankreich, Sakellariou-Griechenland.

Schweden hat wieder einen Sprinter von internationaler Klasse, das bewies dieser Lauf. Der Japaner Yoshioka, berühmt als der schnellste Starter der Welt, lag zwar lange Zeit in Front, doch im Spurt siegte Strandberg leicht. Der Deutsche Kersch lief tapfer und blieb nur Brustbreite hinter Yoshioka; trotzdem mußte er ausscheiden.

2. Lauf: 1. Berger-Holland 10,8 Sek.; 2. Dannaher-Südafrika 11 Sek.; ausgeschieden: Marchand-Schweiz, Sande-Argentinien, Bauer-Jugoslawien.

Berger und Dannaher hatten keine große Mühe, sich für den Zwischenlauf zu qualifizieren.

3. Lauf: 1. van Beveren-Holland 10,8 Sek.; 2. Grimbeck-Südafrika 10,9 Sek.; ausgeschieden: Toomsalu-Estland, Salcedo-Philippinen, Sanchez-Columbien, Kahn-Afghanistan.

Der Holländer überrascht durch sicheren Sieg über den gefürchteten Südafrikaner Grimbeck.

4. Lauf: 1. Gyenes-Ungarn 10,7 Sek.; 2. Suzuki-Japan 10,7 Sek.; ausgeschieden: Virtanen-Finnland, Bronner-Frankreich, Cuba-Peru, Gutierrez-Columbien.

Suzuki ist blitzschnell an der Spitze und überläßt erst 5 Meter vor dem Ziel, weil selbst ungefährdet, dem Ungarn den Sieg. Eine schnelle Bahn muß das sein, auf der man so leicht gute Zeiten erzielen kann.

5. Lauf: 1. McPhee-Canada 10,8 Sek.; 2. Lindgren-Schweden 10,8 Sek.; ausgeschieden: Paul-Frankreich, Fahoum-Ägypten, Poh-China.

Mit Paul schied auch der dritte Franzose aus. Der langbeinige Canadier hatte keine Schwierigkeiten, die Spitze zu behaupten.

6. Lauf: 1. Theunissen-Südafrika 10,7 Sek.; 2. Hornberger Deutschland 10,7 Sek.; ausgeschieden: Beswick-Argentinien, Sariola-Finnland, Ingvarsson-Island, Ospelt-Liechtenstein.

Deutschlands 100-Meter-Meister Hornberger kommt gut vom Start und führt bis kurz vor dem Ziel, wo ihn Theunissen abfängt. Für beide Läufer wird die Zeit von 10,7 Sek. angegeben. Hornberger lief mit zu großem Kraftaufwand, ihm fehlte Lockerheit.

7. Lauf: 1. Metcalfe-Amerika 10,8 Sek.; 2. Sir-Ungarn 10,8 Sek.; ausgeschieden: Guzman-Philippinen, Seeger-Schweiz.

Endlich einer der mit Spannung erwarteten Amerikaner. Metcalfe, der Zweite von Los Angeles, gewann ganz verhalten laufend. Prächtig, wie er in seinen immer größer werdenden Schritt hineinwächst.

Jesse Owens stellt im 2. Lauf der zweiten Vorlaufserie seinen (nicht anerkannten) 10,2 Sek.-Weltrekord auf.

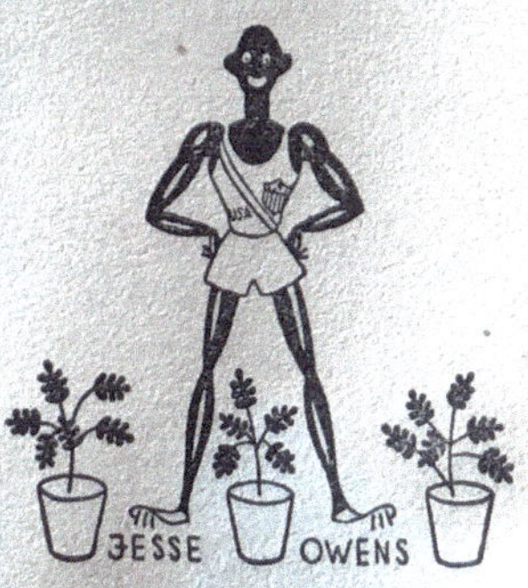

So sah es im Ziel des 100-m-Endlaufes aus. Jesse Owens zerreißt das Zielband mit beträchtlichem Abstand vor Metcalfe und Osendarp.

Ab Februar 1967 begann ich mit einer umfangreichen Recherche und Dokumentation von früheren Olympiaanlagen und Sportstätten ähnlicher Größenordnung in der Universitätsbibliothek der Technischen Hochschule Stuttgart.

Die bisher bekanntesten Modelle für Olympiaarchitektur wie

Berlin, 1936 – Machtdemonstration eines Regimes,
Rom, 1960 – Ästhetik der Konstruktion,
Tokio, 1964 – Vollendung der architektonischen Form,
trafen den Kern der in München gestellten Aufgabe nicht.

Dem gegenüber wollten wir – und so interpretierten wir aus unserer Sicht das Motto der Spiele – mit unseren architektonischen Mitteln beitragen zu einem Fest, in dessen zwanglos-heiterer Atmosphäre sich Menschen aus aller Welt treffen können, also menschliche Spiele für den spielenden Menschen zu ermöglichen.

Bei der Recherche stieß ich auch auf Beispiele von Stadien in Polen und Russland, die auf simpelste Weise nach dem „cut and fill"-Prinzip (abgraben und auffüllen) als reine Erdstadien entstanden waren. Dieses Prinzip schien uns geeignet zu sein, um dem Anspruch nach bescheidenen Spielen durch eine Art „Nicht-Architektur" zu begegnen, das heißt die Dimensionen der Stadien in einen topografischen Zusammenhang einzubinden, um deren solitären Charakter und die damit verbundene Monumentalität zu vermeiden.

Berlin 1936

Reichssportfeld / Architekt Werner March

Rom 1960

Palazzo dello Sport / Architekt Pier Luigi Nervi

Tokio 1964

Gymnasium und Schwimmstadion / Architekt Kenzo Tange

Da in der Wettbewerbsauslobung eine Zusammenarbeit mit Tragwerksingenieuren gefordert war, regte Behnisch an, dass ich Professor Jürgen Joedicke anrufe, um von ihm zu erfahren, wer seiner Meinung nach hierfür infrage käme. Darauf bot er sich an, mit dem Schweizer Ingenieur Heinz Isler Kontakt aufzunehmen. Dieser hätte kürzlich bei einem Vortrag an der Universität Stuttgart seine extrem dünnen Schalenkonstruktionen vorgestellt. Er, Joedicke, würde jedoch gerne selbst bei uns am Wettbewerb mitarbeiten. Behnisch und die Partner standen diesem Anliegen eher kritisch gegenüber, sahen jedoch in einer beratenden Mitwirkung seinerseits auf der architektur-theoretischen Ebene eine wertvolle Bereicherung.

Die ersten schematischen Zuordnungskonzepte der Sportstätten auf dem Oberwiesenfeld gingen von der Ausschreibungsforderung nach „kurzen Wegen" aus, dass zumindest das Stadion im entfernungsmäßigen Schwerpunkt des Geländes, bezogen auf die U-Bahn-Station an der Lerchenauer Straße und die DB-Station im Westen, liegen solle.

Anlässlich der Ausstellung des Wettbewerbs für die Neue Pinakothek, an dem wir uns, allerdings erfolglos, beteiligt hatten, fuhren Karlheinz („Carlo") Weber und ich an einem Sonntag im April 1967 nach München.
Im Anschluss an die Ausstellung besichtigten wir das Wettbewerbsgelände und stiegen zur besseren Übersicht auf den damals etwa zur halben Höhe angewachsenen Schuttberg aus Trümmern des Kriegs und Aushub des U-Bahnbaus. Der Fernsehturm war zu diesem Zeitpunkt bereits als Betonschaft vorhanden. Auch existierte noch das Empfangsgebäude des damaligen Verkehrsflughafens, wo Chamberlain und Daladier am 29. September 1939 von Hitler und Mussolini in Empfang genommen waren, um das sogenannte Münchner Abkommen zur Abtretung des Sudetenlandes an das Deutsche Reich zu unterzeichnen – der erste Schritt der Landnahme Hitlers, die kurze Zeit später zum Zweiten Weltkrieg geführt hatte.

Erdstadion, Polen, 1950er-Jahre

Oberwiesenfeld München, 1966

Vom Berg aus wurde uns klar, dass eine Lage des Stadions und der Hauptsportstätten im geometrischen Schwerpunkt des Geländes zu weitläufig und beziehungslos wirken würde, und wir erkannten spontan, dass mit einer Anordnung der drei Hauptsportstätten näher am Fuß des Schuttbergs und in Zusammenhang mit der vertikalen Landmarke des Fernsehturms ein weit dramatischeres Konzept möglich wäre.

Schon bald stieß Cord Wehrse zur Wettbewerbsgruppe. Er sollte im weiteren einer derjenigen werden, der die Konzeption wesentlich mitentwickelte. So entstand die Idee einer Geländemodellierung, ausgehend von einem zentralen Plateau, an das die drei Hauptsportstätten als Mulden angelagert sind, verzweigt nach Norden, über den Mittleren Ring weiter zu verlängern und auf diesen Wällen die Hauptwege der Zuschauer zu führen. Damit ergab sich eine quasi-natürliche topografische Gliederung des Oberwiesenfelds in einen Bereich südlich des Mittleren Rings mit den Hauptsportstätten und einen nördlichen für die Zentrale Hochschulsportanlage und das Olympische Dorf.

Die Geländemodellierung wurde im Maßstab 1:2500 auf einer etwa 1,5 × 2,0 m großen Tischplatte mit Sägemehl, die Wege mit Wollfäden dargestellt. Die wichtigsten Schritte hielten wir mit einer Schwarzweiß-Polaroidkamera fest.
Oft arbeiteten wir bis in die Nacht hinein und animiert durch den Themenhit des Wettbewerbs „Ha! Ha! Said The Clown" von Manfred Mann steigerten wir uns fast spielerisch experimentierend in immer höhere konzeptionelle Regionen. So kamen wir zum Beispiel darauf, den Nymphenburger Kanal, der bisher als schmal gefasster linearer Bachlauf zwischen Schuttberg und Fernsehturm völlig unauffällig verlief, zu einer Wasserfläche aufzustauen und damit das völlig neue landschaftliche Element „Wasser" in die Konzeption einzuführen.

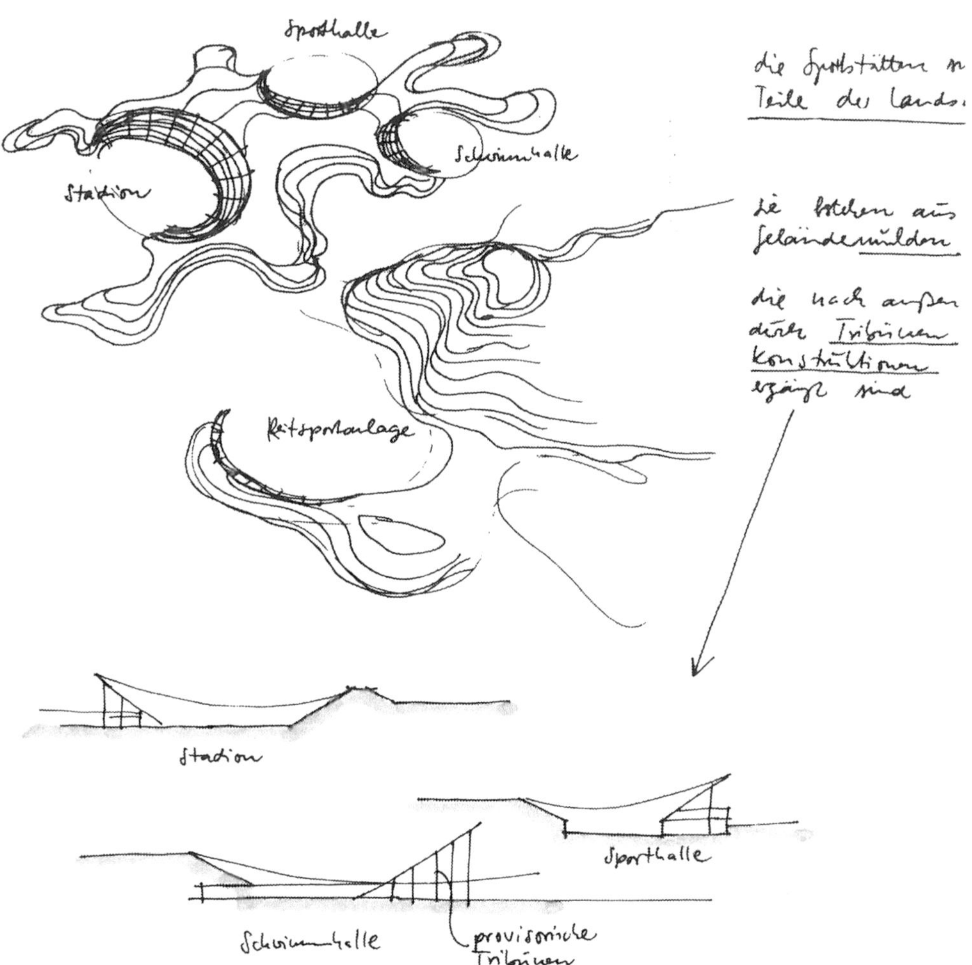

Skizzen Weber zum Wettbewerbskonzept

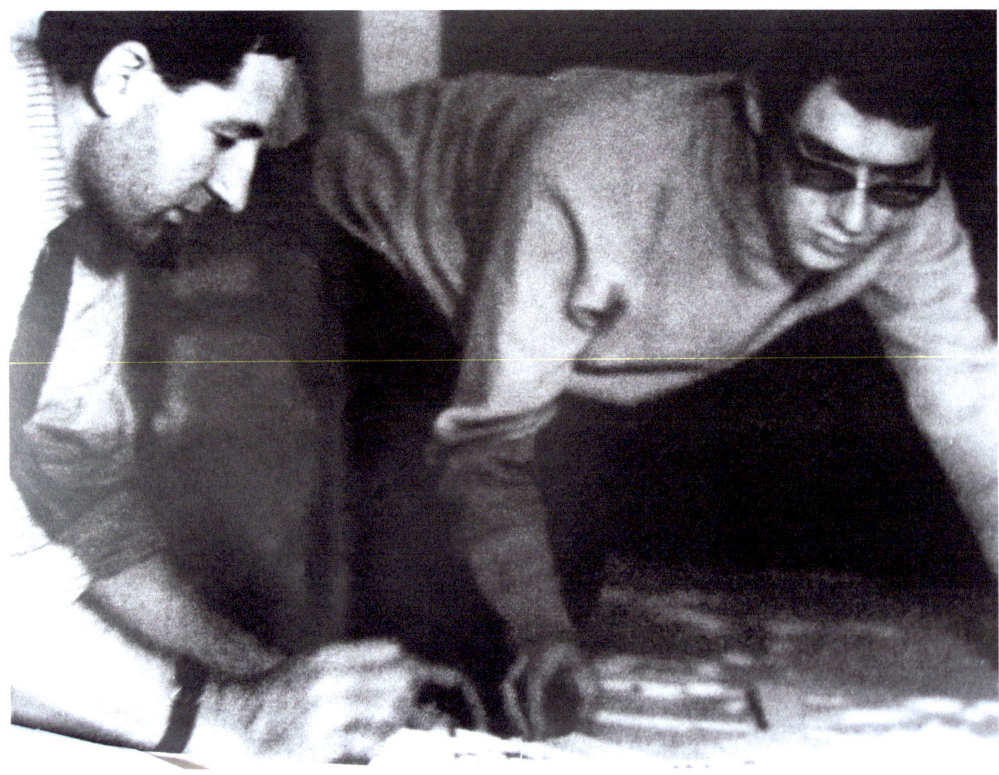

Auer und Wehrse am Arbeitsmodell, Sommer 1967

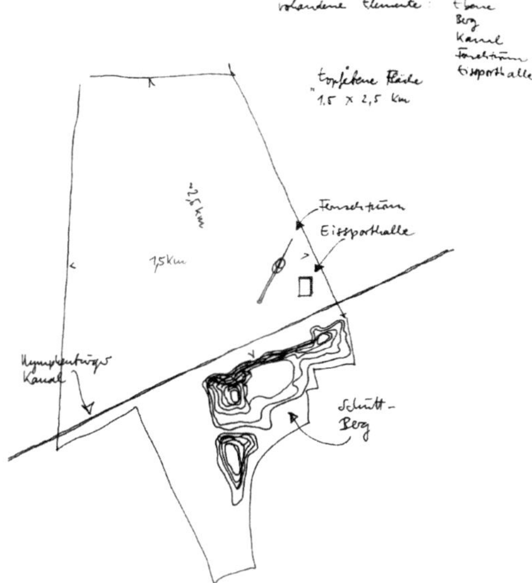

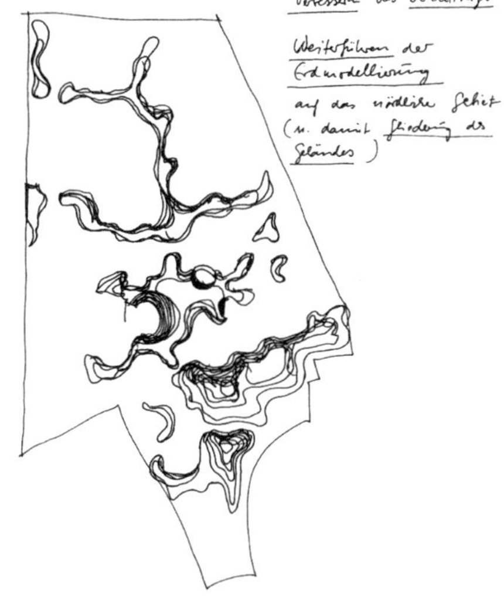

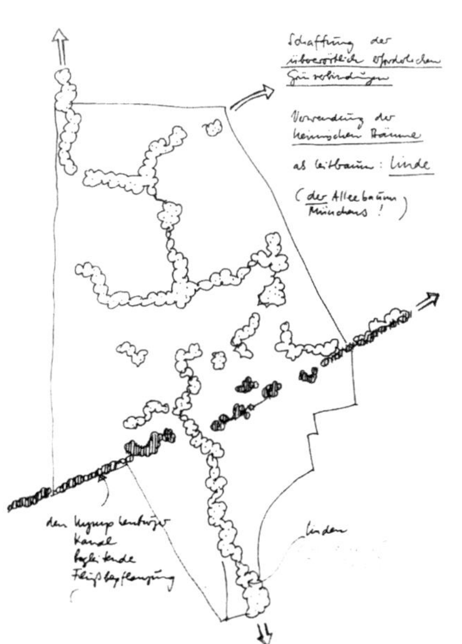

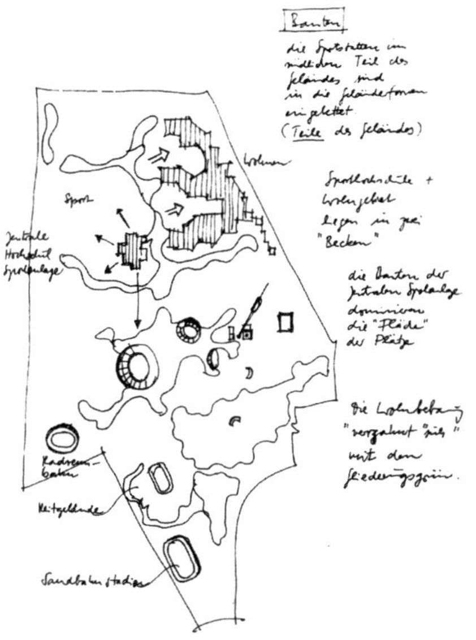

Skizzen Weber zum Wettbewerbskonzept

Während das konzeptionelle Prinzip der drei Arenen – Mulden in der Landschaft, an der vom zentralen Plateau abgewandten Peripherie durch frei stehende Tribünenkonstruktionen ergänzt – relativ früh feststand, operierten wir bei der Überdachung der Stadionwestseite und der geschlossenen Hallenvolumen lange mit schalenartigen Konstruktionen, die allerdings zumindest die beiden Hallen immer als Einzelbauwerke erscheinen ließen und damit aus dem Landschaftszusammenhang ausgrenzten.

Eines Morgens kam Wehrse mit einem Zeitungsbild des Deutschen Pavillons für die Weltausstellung in Montreal 1967 (Rolf Gutbrod, Frei Otto, Leonhardt und Andrä) ins Büro. Uns wurde schlagartig klar, dass dieses Überdachungsprinzip die unserem Landschaftskonzept einzig kongeniale Antwort sei. So fingen wir an, damit zunächst bei der Stadionüberdachung zu experimentieren. Wir besorgten uns hierfür Nylondamenstrümpfe, die nicht linear, sondern kettenartig gewirkt waren. Dieses Material, das in beiden Richtungen in etwa gleiche Dehnungseigenschaften aufweist, wurde zunächst flächig gespannt, mit Reißzwecken fixiert, dann durch Holzstäbchen unterstützt, die Umrisse von der Randbegrenzung mit PentelPen markiert, entlang dieser Kontur die Randversäumung mit Nadel und Zwirn eingezogen, gespannt, an den Abspannpunkten verknotet, schließlich eine Klebenaht entlang der gesäumten Ränder gelegt und danach in Form geschnitten.

Schließlich lag nahe, nicht nur für die Überdachung des Stadions dieses Prinzip anzuwenden, sondern auch für die Bereiche zwischen den Hauptsportstätten. Bis dahin lagen die beiden Hallen noch wie Eierschalen in der Landschaft.

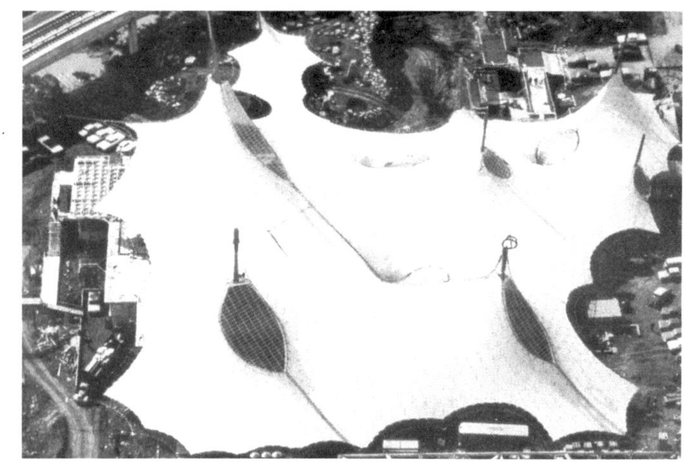

Deutscher Pavillon auf der Expo '67 in Montreal

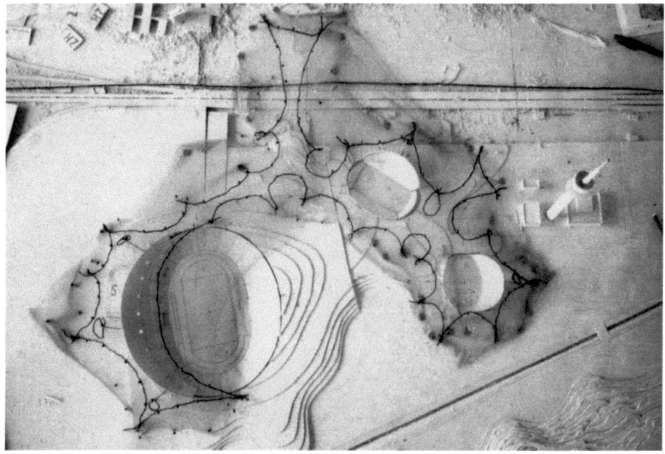

Entwicklung der Dachform im Arbeitsmodell

Immer wieder kamen Behnisch und Joedicke, die uns „einfach machen ließen", dazu, um sich über den Stand des Konzepts zu informieren und die Arbeitsergebnisse zu diskutieren. Joedicke war sofort von der Idee der Überdachung nach dem Montreal-Prinzip begeistert und regte an, die Schalenüberdachung der beiden Hallen aufzugeben und eine zusammenhängende „Großform" zu schaffen, die alle drei Arenen miteinander verbindet und als solche einen Gegenpart zum Landschaftskonzept bildet.
Isler, der sich zwar bei Schalen auskannte, war natürlich mit dem Montreal-Prinzip der sogenannten Leichten vorgespannten Flächentragwerke kaum vertraut, aber nichtsdestoweniger zuversichtlich, dass die Spannweiten von Montreal ohne größere Probleme in München auf das etwa dreifache vergrößert werden könnten, sodass wir für jede der drei Arenen nur drei Maste vorsahen, die das Seilnetz von unten stützen.
Zur weiteren Ausarbeitung des Konzepts, insbesondere der Grundrisse, kamen Godfrid Haberer für die Schwimmhalle und Winfried Büxel für die Zentrale Hochschulsportanlage dazu.
Etwa eine Woche vor Abgabe des Wettbewerbs ging es um die definitive Darstellung des Entwurfs in Zeichnungen und Modellen. Alle Grundrisse, Schnitte und Ansichten waren bis dahin detailliert in Bleistift aufgerissen. Während die Grundrisse als Strichzeichnung in Tusche fertig aufgezeichnet wurden, überlegten wir für die Schnitte und Ansichten eine Darstellungsart, bei der zwar alle Vorzeichnungen erhalten blieben, jedoch mit wenigen Linien überlagert werden sollten, um das Wesentliche der Konzeption – Dachstruktur über Landschaftsstruktur – herauszustellen. Hierzu hatten wir die Idee, die Vorzeichnungen mehrfach zu lichtpausen, sodass die Linien brüchiger wurden und eine Art Leonardo-Effekt entstand. Über diese Grundlage zeichnete Behnisch die konzeptbestimmenden Konturen von Landschaft, Bauten und Dach mit einem dicken Rapidografen. Als Hilfsschablone für die großen Schwünge des Dachs diente dabei ein elastischer Stahldraht, den ich während seines Zeichnens per Hand in Position halten musste.
Schließlich wurden alle Pläne fotografisch reproduziert und am Tag der Abgabe in einer Art Fließbandverfahren mit Pattex auf Kartontafeln aufgezogen.

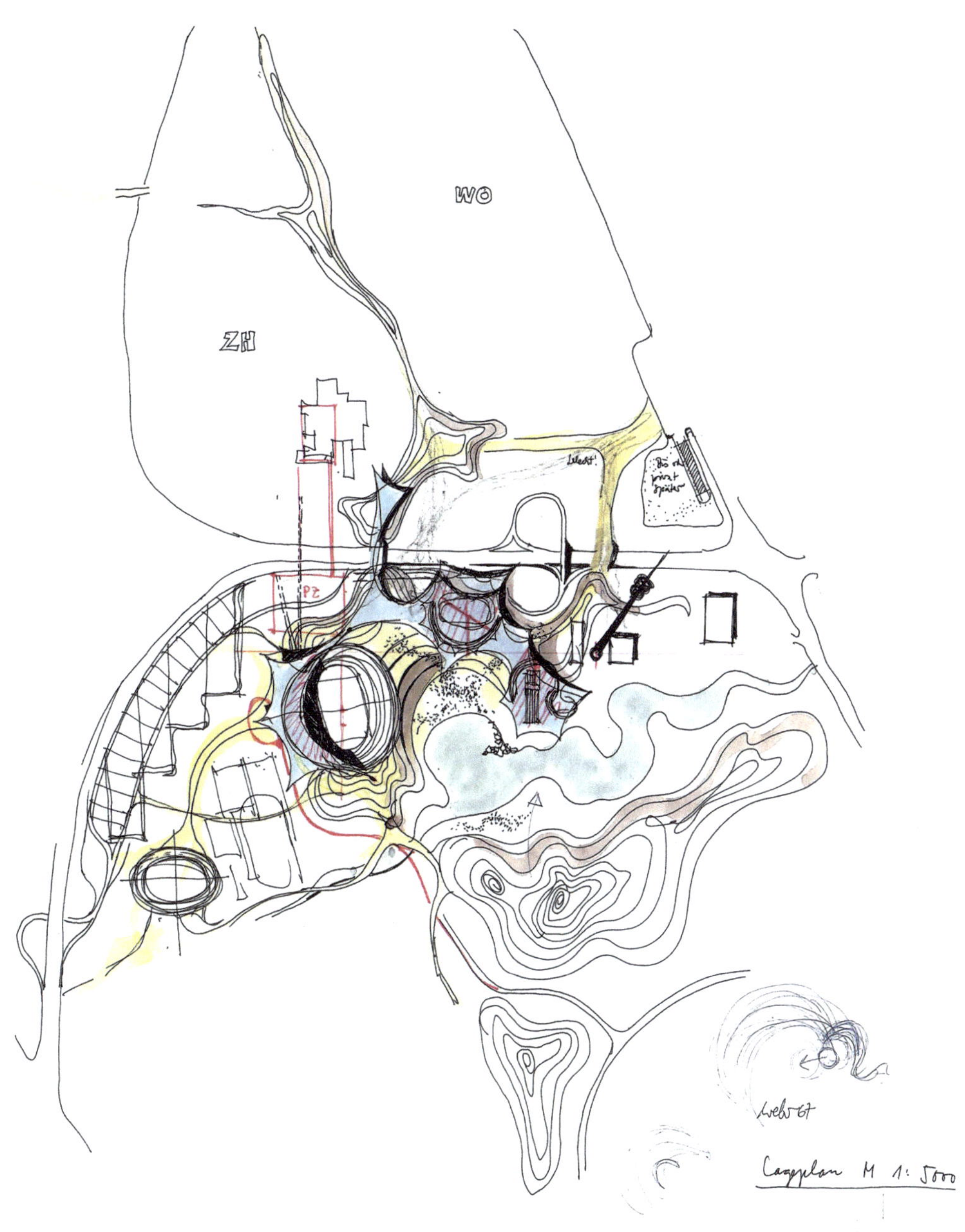
WO
ZH
PZ
Lageplan M 1:5000

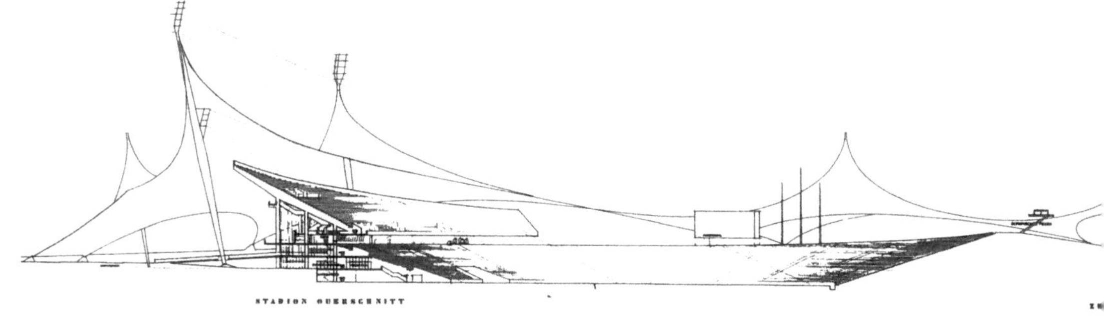

Zeitgleich mussten die Lagepläne und Modelle fertiggestellt werden. Beide Lagepläne, wie übrigens auch die meisten Skizzen aus der Konzeptionsphase, stammen von Weber, wobei er für die Darstellung der Schattenwürfe der Baulichkeiten, des Daches und der Geländeformen Polaroidfotos der Arbeitsmodelle zu Hilfe nahm. Während wir das Modell im Maßstab 1:2500 extern bei einem Modellbauer herstellen ließen und hierfür die aus PVC mittels eines Föns tiefgezogene Form der Überdachung zur Verfügung stellten, wurde die Topografie des Modells im Maßstab 1:1000 aus Finnpappe gebaut. Für das Dach bekamen wir von der Firma Hudson farblose Strumpfrohlinge. Für diese delikate Arbeit war vor allem Wehrse prädestiniert, während der Erläuterungsbericht natürlich in Behnischs und Joedickes Ressort fiel. Die überraschende Verwandtschaft unseres Konzepts mit der Situation der antiken Spiele in Olympia wurde dabei geschickt herausgestellt:

„(...) dass sich, wenn man den Versuch unternimmt, die Olympischen Spiele wieder zu einem Fest der Musen und des Sports zu machen, bestimmte Organisationsformen wiederholen, die früher in Olympia eine Rolle spielten; so Weg (IERA ODOS), Tore (PROPYLA), zentraler Bereich (ALTIS), Fluss (ALPHEIOS), Hügel (KRONION)."

Wettbewerbszeichnung Querschnitt Stadion – Sporthalle – Schwimmhalle

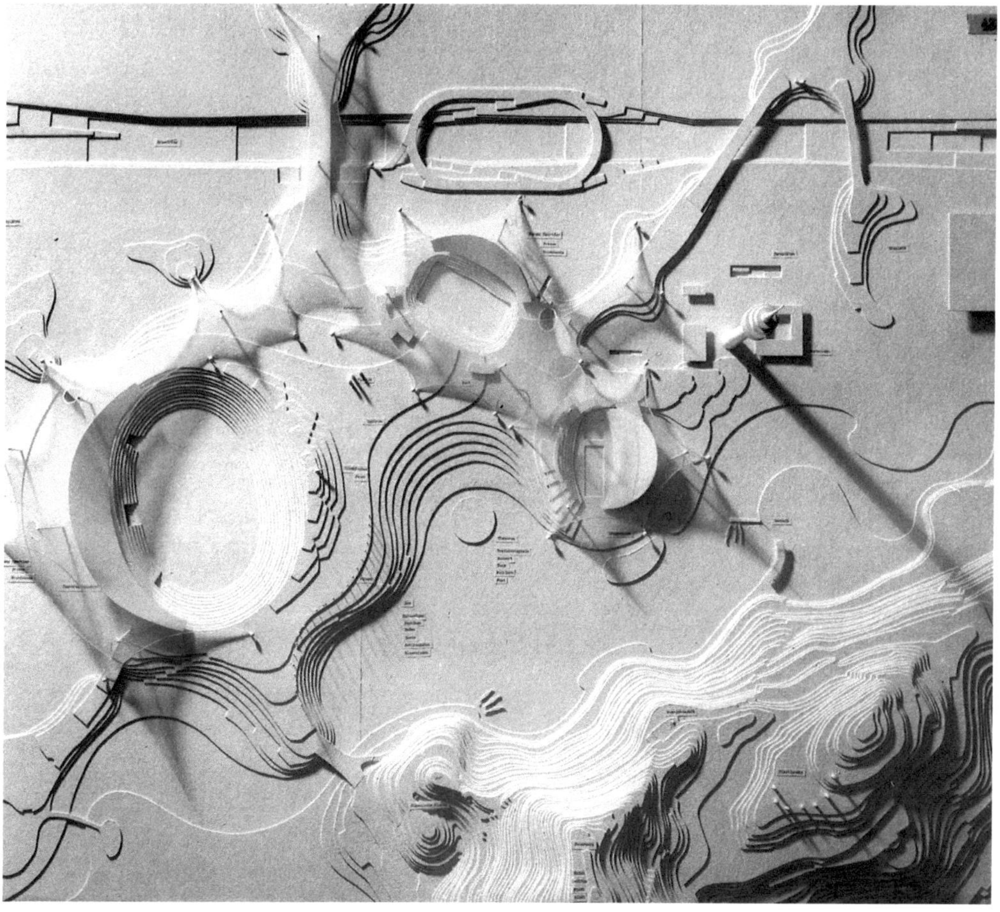

Wettbewerbsmodell der Hauptsportstätten

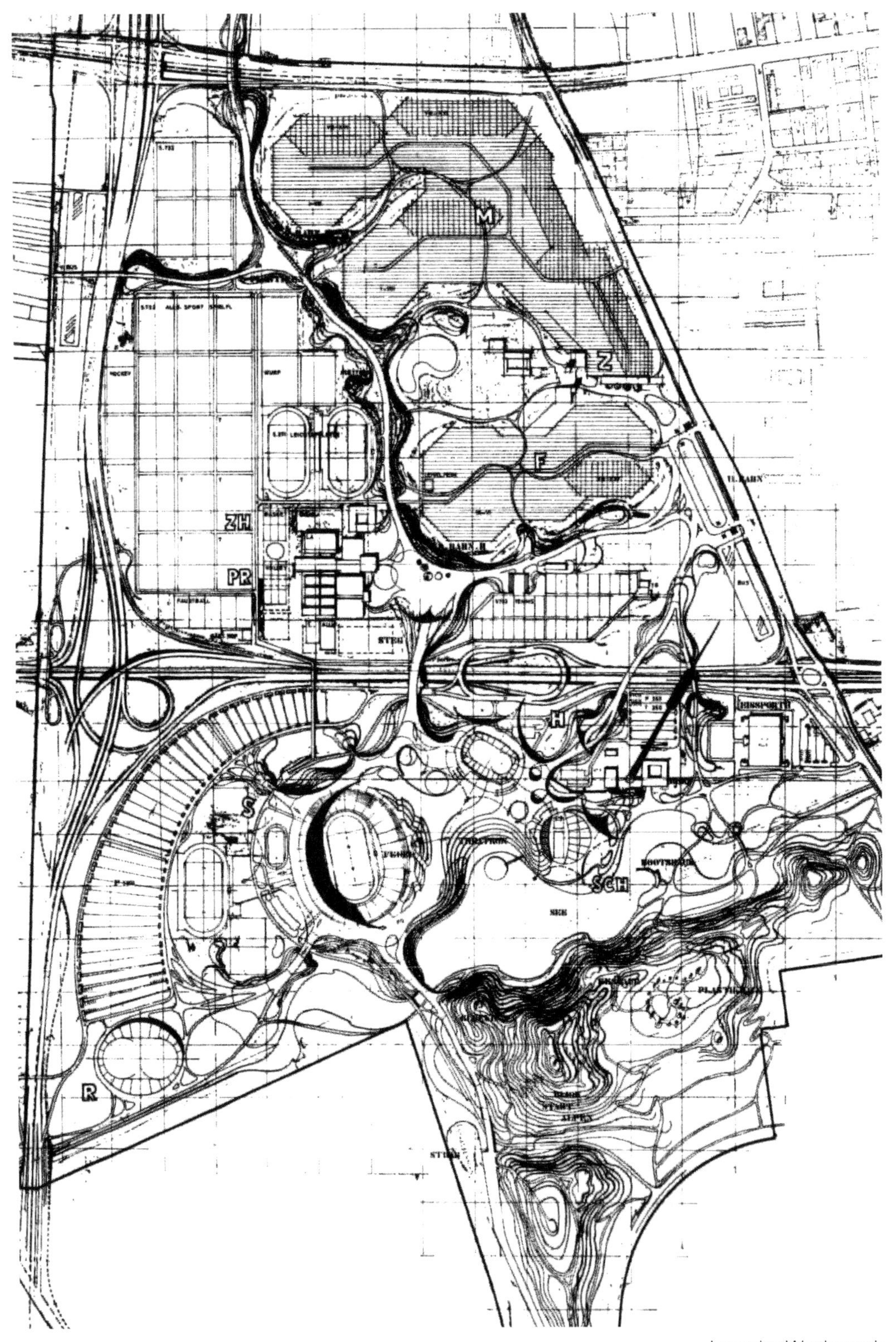

Lageplan Wettbewerb

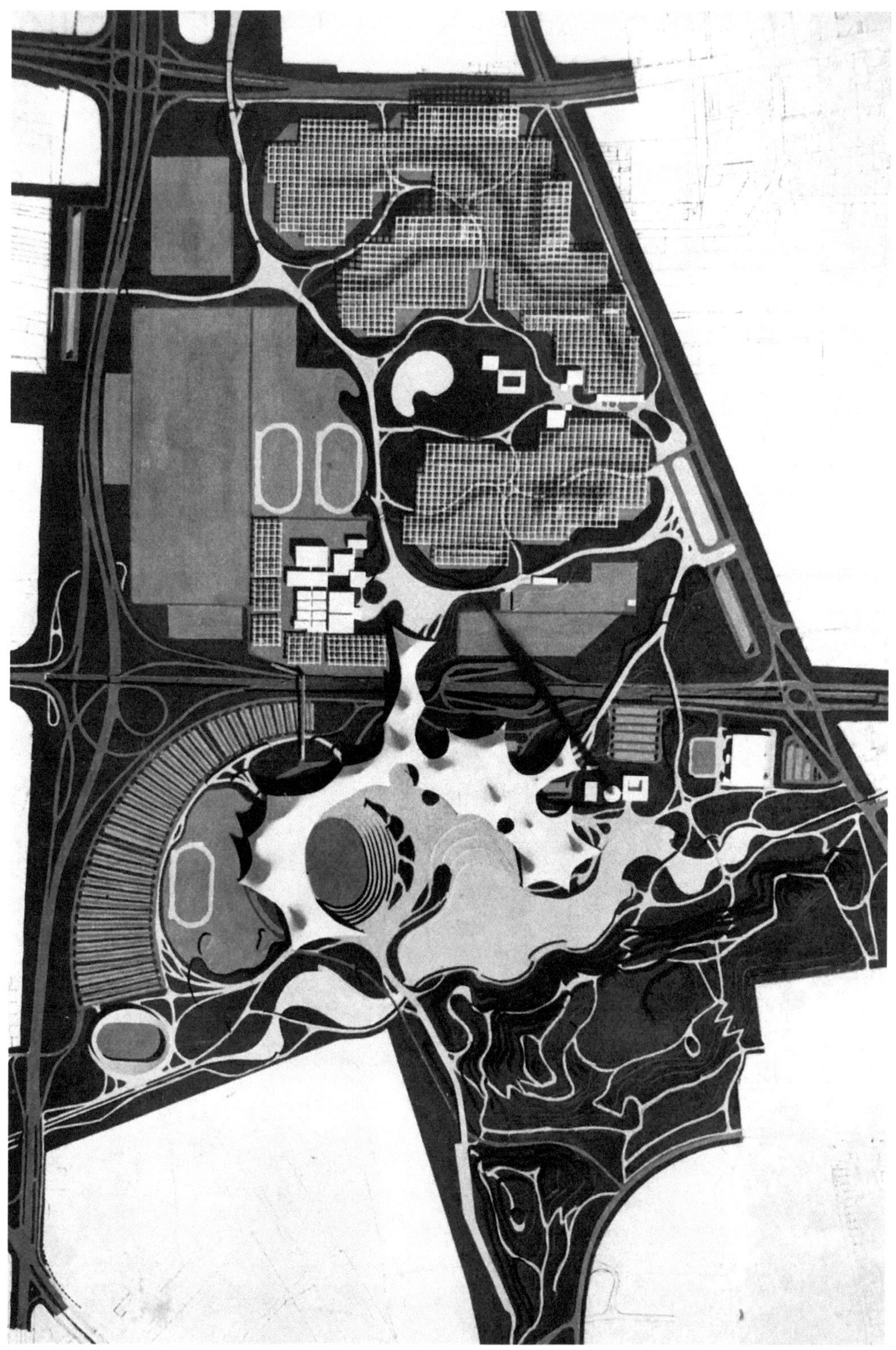

Modell Wettbewerb

Die Wettbewerbsabgabe am 3. Juli 1967 geriet äußerst hektisch. Zeichnungen und Modelle mussten in Kisten verpackt und vor Mitternacht beim Bahnexpress aufgegeben und abgestempelt werden. Bis zu den Knien im Altpapier stehend wurden diese verschraubt und zum Bahnhof gefahren. Glücklicherweise ging Tränkner nochmals durch das hinterlassene Chaos und entdeckte dabei eine vergessene Tafel, die er noch rechtzeitig zum Schalter brachte, sodass die Sendung komplett war.

Etwa zwei Wochen nach Abgabetermin kam vom Auslober über eine neutrale Stelle der Anruf, dass die Sendung nicht vollständig eingegangen sei. Die Modelle lägen zwar vor, jedoch nicht die Pläne. Durch längere Recherche konnte die Spedition ausfindig gemacht werden bei der diese Kisten gelagert und nicht weitertransportiert worden waren. So konnte ein zweites Mal verhindert werden, dass unser Wettbewerbsbeitrag wegen nicht vollständig vorliegender Leistungen nicht zum Beurteilungsverfahren zugelassen wurde. Den Tag der Wettbewerbsentscheidung, ausgerechnet an einem Freitag, dem 13. Oktober 1967, hatte wohl keiner von uns auf der Rechnung. Behnisch und Tränkner waren in einer Gemeinderatssitzung in Rothenburg, ich am Nachmittag auf der Baustelle des Gymnasiums Waiblingen, Weber arbeitete am Wettbewerb Krankenhaus Göppingen. Gegen 20 Uhr meldete sich bei mir zu Hause ein Redakteur der „Bild-Zeitung", dass wir unter 100 Teilnehmern den 1. Preis beim Olympiawettbewerb gewonnen hätten. Mir wurde ganz schwach, bevor ich die Bedeutung dieser Nachricht ganz begriff. Auf seine Frage, was dies für ein Gefühl sei, weiß ich die Antwort heute nicht mehr. Abends berichtete das Fernsehen in der „Tagesschau" über die Wettbewerbsentscheidung unter Nennung aller unserer Namen. In den nächsten Stunden telefoniert wir uns zusammen, Behnisch und Tränkner wurden aus der Gemeinderatssitzung geholt, Joedicke benachrichtigt und dann gab es eine rauschende Nacht im Äckerwaldstraßen-Büro, die bis in die Früh dauerte. Am anderen Morgen kam die Bäckerin Treiber vorbei und brachte als Geschenk einen Korb Brezeln in Form der olympischen Ringe. Auf dem Gruppenbild (S. 45) wurde sie später des Öfteren als Frau Behnisch ausgegeben.

Wettbewerbsentscheidung am 13. Oktober 1967
(v. l. n. r.: Strauß, Eiermann, Vogel, Daume)

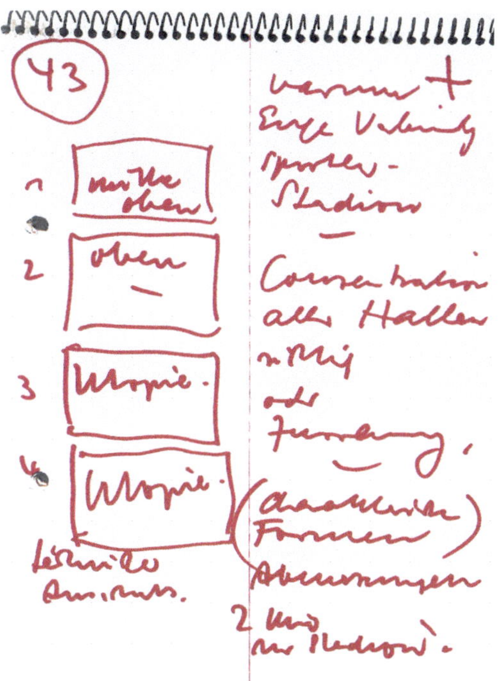

Tagebuchnotiz Eiermann zu unserem Entwurf aus der zweiten Preisgerichtssitzung

Tarnnummer 4350 1. Preis

Das Bestreben des Verfassers, die Lösung der Aufgabe durch künstliche Veränderungen des Geländes zu unterstützen, verdient Anerkennung. Den Schutthügel in die Gestaltung der Olympischen Bauten einzubeziehen, führt zu einer lebendigen Formung.
Die für den Entwurf typische Modellierung des Geländes bildet einen nicht nur ökonomischen, sondern auch vom städtebaulichen Gesichtspunkt her zu würdigenden Ausgangspunkt für die Lösung der Aufgabe, die Masse der Olympischen Bauten in einem von der Natur nicht ausgezeichneten Gelände unterzubringen.
Daß dabei das Element des Wassers eine besondere Rolle einnimmt, wird begrüßt. Der künstliche See bietet für die Realisierung und die Optik günstige Möglichkeiten, da die Anlage eines Grundwassersees nicht nur landschaftliche Reize entstehen, sondern auch die für die Aufschüttungen erforderlichen Erdmengen gewinnen läßt.
Die Erhöhung der Nord-Südverbindung vom V-Bahnhof bietet eine Bereicherung der Geländegestalt. Von dieser Erhöhung erfolgt nicht nur ein schöner Ausblick auf die einzelnen Teilabschnitte wie Wohnbebauung, Sportakademie und die dazugehörigen Sportfelder, sondern sie teilt auch die sonst unübersichtlichen Flächen in überschaubare und funktionell gegliederte Teile.
Durch die starke Konzentrierung der Sportbauten im Süden bleibt eine große Fläche für die Anlage der Wohnbauten übrig, sodaß, wie der Verfasser richtig vorschlägt, nicht unbedingt Hochhäuser erstellt werden müssen. Damit wird erreicht, daß die großen Bauten der Stadien mit dem dahinterliegenden Schuttberg und dem Sendeturm die raumbeherrschenden Faktoren innerhalb des Oberwiesenfeldes darstellen werden.
Weiter ist es gelungen, die Zäsuren der Schnellverkehrsstraße durch das Tieferlegen ihrer störenden Wirkung zu entheben.

Die Anschlüsse der öffentlichen Verkehrsmittel sind mit Sorgfalt gelöst. Die Zugangswege zum Stadion sind reizvoll. Für den zu erwartenden Massenverkehr sind sie leider nicht breit genug ausgelegt. Die Entfernung von der V-Bahn ist bei der Lage der Sportbauten sehr weit. Der Vorschlag, hier eine Elektrobahn vorzusehen, bildet einen hübschen Beitrag für die Belebung des Ganzen, wenngleich eine solche Bahn bei Stoßverkehr als Massenverkehrsmittel nicht zählt.

Tarnnummer 435o

Die Unterbringung der PKWs und der Autobusse privater oder öffentlicher Art ist gut durchdacht. Die Andienung der wesentlichen Sportstätten und Gebäudegruppen geschieht mit sorgfältiger Überlegung, unabhängig vom Besucherverkehr.
Dies betrifft nicht nur die Zeit der Olympischen Spiele, sondern auch die Zeit späterer normaler Verwendung, in Sonderheit der Hochschule und der Wohnviertel. Auf die glückliche Zuordnung der Wohnviertel und der Hochschule zur U-Bahn-Station soll hingewiesen werden.
Die Arbeit bietet bei dem vorliegenden hohen Schwierigkeitsgrad eine sehr gute Lösung des Verkehrs.
Bei der klaren und wirtschaftlichen Disposition der Parkflächen ist der Aufwand für die verkehrsgerechte Einfädelung vom und in den Mittleren Ring und in die umgebenden Straßen einwandfrei.

Die Lage der zentralen Hochschulsportanlage ist während und nach den Spielen gut. Allerdings besteht kein naher Zusammenhang der Hochschulsportanlage mit der Schwimmhalle. Innerhalb aller Sportbauten ist die Funktion, die Wegführung der Zuschauer, der Ehrengäste und Sportler einwandfrei.
Gut sind die Funktionen der Nebenräume, die Zuordnung der Trainingsanlagen und der Trainingshalle zum Stadion.

Die Herstellung der Sportbauten durch die Erdanschüttungen ist gut gelungen, umso mehr, als es sich nicht um hohe Aufböschungen handelt und besondere Tunnelzugänge unnötig sind.

Der Bau der Tribünen ist auf eine gute und außerordentlich wirtschaftliche Weise gelöst.
Die konsequente Zweiteilung in einen Erdbau und in einen Betonbau bringt Vorteile für den Baubetrieb und für die Wirtschaftlichkeit der Herstellung.
Die Grundrisse der Sportbauten sind gut gelöst und mit einfachen und ökonomischen Mitteln zustandegekommen.
Die linear ansteigenden Tribünen sind zu flach.
Die für das Publikum und für die sportlichen Darbietungen notwendigen Räume sind, wo nicht ausdrücklich nachgewiesen, ohne Schwierigkeiten möglich.

Die große Problematik des Entwurfes liegt in der Zeltdachkonstruktion.

Tarnnummer 4350

Wenn auch das Preisgericht auf dem Standpunkt steht, daß jede gebaute Form zu einem bestimmten Zeitpunkt dank bestimmter technischer, konstruktiver und materialmäßiger Möglichkeiten eine erstmalige Verwendung gefunden und ihre weitere Anwendung damit als legale Fortsetzung einer bestimmten Entwicklung zu gelten hat, so ist es fraglich, ob bei diesen Dimensionen das Vorbild der Montrealer Zeltkonstruktion für ein Dach dieses Ausmaßes als Dauerbauwerk ausgeführt werden kann.
Das Preisgericht sieht sich nicht in der Lage, sich über die Brauchbarkeit dieses Vorschlages definitiv zu äußern und muß leider mit der Fragwürdigkeit der vorgeschlagenen Überdachung diesem in allen Teilen hervorragenden Entwurf in Bezug auf geforderte Haltbarkeit und Betriebssicherheit Einschränkungen auferlegen.
Gleiche Bedenken werden gegen die Wirksamkeit der Dachentwässerung und die Abschließbarkeit der belüfteten Räume geäußert. Im Stadion werden Zugerscheinungen unvermeidbar sein.

Die Darstellung des Entwurfes überrascht durch die Aufgeschlossenheit und Lebendigkeit, wenn auch über die eigentliche Gestaltung des Olympischen Dorfes keine Aussage gemacht wurde.

Der Entwurf wird von den Sachverständigen mit Ausnahme der Zeltkonstruktionen, über die keine Erfahrungen von Dauer vorliegen, als sehr wirtschaftlich angesehen.

Auf Anordnung des Preisgerichtes werden von Herrn Regierungsbaudirektor Melzer die Umschläge der Verfasser geöffnet. An der Eröffnung nehmen auch die als Sachpreisrichter ursprünglich vorgesehenen Herren, Herr Bundesfinanzminister Dr. h.c. Franz Josef Strauß und Herr Staatsminister Dr. Konrad Pöhner teil.

Es werden dabei folgende Namen ermittelt:

1. Preis (Tarnziffer 4350): Behnisch + Partner, Freie Architekten

Günter Behnisch, Dipl.-Ing. BDA
Fritz Auer, Dipl.-Ing.
Winfried Büxel, Dipl.-Ing.
Erhard Tränkner, Dipl.-Ing.
Karlheinz Weber, Dipl.-Ing.

Mitarbeiter:
Godfrid Haberer, Dipl.-Ing.
Cord Wehrse, Dipl.-Ing.
Rudolf Lettner

7 Stuttgart-Sillenbuch, Äckerwaldstr. 2

unter Mitwirkung von
Professor Dr. Jürgen Joedicke, Freier Architekt BDA
7 Stuttgart-Sonnenberg, Vollandstr. 18

Beratung Konstruktion:
Heinz Isler, Dipl.-Ing. ETH SIA
3400 Burgdorf (Schweiz)

Beratung Verkehr:
Ulrich Hundsdörfer, Dipl.-Ing.
7 Stuttgart, Zur Uhlandshöhe 35

2. Preis (Tarnziffer 4229): Klaus Nickels, Dipl.-Ing.
Timm Ohrt, Architekt BDA
Anke Marg, Dipl.-Ing.

2 Hamburg 13, Oberstraße 138

Mitarbeiter:
Peter Erler, Dipl.-Ing.
Heinz-Bernd Millhagen, cand.arch.
Arnd Petersen, Hochbau-Ing.

3. Preis (Tarnziffer 4295): Professor Erwin Heinle
Robert Wischer, Dipl.-Ing.

7 Stuttgart-N., Schottstraße 110-112

Mitarbeiter:
R. Zwirn, Dipl.-Ing.
G. Wratzfeld,
J. Wörle,

Die Münchner, Stuttgarter und auch die bundesweite Presse war voller Meldungen über das erfolgreiche Architektenteam aus Stuttgart. Peter M. Bode schrieb in der „Süddeutschen Zeitung“ vom 18. Oktober 1967 eine seitenlange Kolumne mit dem Titel „100 Olympische Ideen und ein poetischer Entwurf“.

Den Preisgerichtsprotokollen war später zu entnehmen, dass unser Entwurf mit der Tarnnummer 4350 in der ersten Sitzung vom 4. bis 8. September 1967 mit weiteren 22 Arbeiten in die engere Wahl gelangte; in der zweiten Sitzung des Preisgerichts vom 11. bis 13. Oktober 1967 wurden diese Arbeiten in vier Protokollgruppen geprüft und beurteilt, wobei der Vorsitzende, Egon Eiermann, sich in diejenige Gruppe eintrug, in der sich unsere Arbeit befand, was mit seiner handschriftlichen Notiz bestätigt wird und demnach anzunehmen ist, dass er die Einzelbeurteilung unserer Arbeit wesentlich beeinflusste. Schließlich konnte er die Mitglieder mit einem leidenschaftlichen Plädoyer überzeugen, dass dies der visionärste Entwurf sei, worauf sich das Preisgericht schließlich mit großer Mehrheit entschied, unsere Arbeit auf den ersten Rang zu setzen. Bedenken wurden allerdings bezüglich der vorgeschlagenen Überdachung geäußert, im Preisgerichtsprotokoll wie folgt wiedergegeben:

„Die große Problematik des Entwurfs liegt in der Zeltdachkonstruktion. Wenn auch das Preisgericht auf dem Standpunkt steht, dass jede gebaute Form zu einem bestimmten Zeitpunkt dank bestimmter technischer, konstruktiver und materialmäßiger Möglichkeiten eine erstmalige Verwendung gefunden und ihre weitere Anwendung damit als legale Fortsetzung einer bestimmten Entwicklung zu gelten hat, so ist es fraglich, ob bei diesen Dimensionen das Vorbild der Montrealer Zeltkonstruktion für ein Dach dieses Ausmaßes als Dauerbauwerk ausgeführt werden kann. Das Preisgericht sieht sich nicht in der Lage, sich über die Brauchbarkeit dieses Vorschlages definitiv zu äußern und muss leider mit der Fragwürdigkeit der vorgeschlagenen Überdachung diesem in allen Teilen hervorragenden Entwurf in Bezug auf die geforderte Haltbarkeit und Betriebssicherheit Einschränkungen auferlegen.“

Bonn: Stoppt alle Hilfe für Griechenland!

Samstag, 14. Oktober 1967 • 15 Pf

Nr. 240 · Druck in ESSLINGEN · C 1783 A **

Bild ZEITUNG

UNABHÄNGIG · ÜBERPARTEILICH

AUFLAGE ÜBER 4 Millionen EXEMPLARE

Von F. L. MÜLLER und M. K. KEUNE

Bonn, 14. Oktober

Bonn will jegliche Militär- und Wirtschaftshilfe an Griechenland einstellen. Der Deutsche Bundestag billigte gestern nach einer großen außenpolitischen Debatte die Überweisung eines entsprechenden SPD-Antrages an den Auswärtigen Ausschuß.

Der Antrag sieht vor:

- Stopp der Militärhilfe;
- Ausschluß der griechischen Militärdiktatur aus dem Europarat;
- Zeitweiliger Ausschluß des Landes von der Teilmitgliedschaft (Assoziierung) in der EWG.

Darüber hinaus forderte der SPD-Abgeordnete Blachstein, Griechenland auch die Wirtschaftshilfe zu streichen: Blachstein: Eine Regierung von Putschisten können wir nicht als demokratischen Bündnispartner akzeptieren.

Die Mittel für die Verteidigung der Freiheit dürfen nicht für die Verteidigung von KZs verwendet werden!

Vorher hatte Außenminister Brandt für die Bundesregierung folgende Grundsätze ihrer Politik umrissen:

1. „Die völkerrechtliche Anerkennung der DDR kommt für uns nicht in Frage. Sie ist kein Verhandlungs- und Gesprächsgegenstand."

2. Wir bemühen uns aber um enge Kontakte mit dem Ostblock. Das Gespräch Bonns mit Moskau ist wieder im Gange. Großer Optimismus ist aber nicht am Platz.

3. Wir werden die Bemühungen Englands und anderer Länder unterstützen, in die EWG aufgenommen zu werden. „Eine politische Union Europas wird eines Tages kommen", rief der Außenminister mit Betonung.

Weiter letzte Seite

Seite 2

Schützt unsere Männer vor den Frauen

Das fordert eine schwedische Schriftstellerin

Seite 5

Keine Einigung über die zweite Bundesliga

Heute fällt die endgültige Entscheidung

Stuttgarter baut Münchens Olympiastadt

Titelseite „Bild-Zeitung", 14.Oktober 1967

Das Äckerwaldstraßen-Büro mit Bäckerin Treiber (links hinten) und Frau Weber (rechts vorne), 14. Oktober 1967

Dieser Passus gab in den folgenden acht Monaten Anlass zu weitreichenden Aktivitäten und auch Spekulationen, entweder das inzwischen sogenannte „Zeltdach" abzuschießen oder es zu retten.

Zunächst aber fuhren wir und Joedicke am 19. Oktober 1967 zur Wettbewerbsausstellung nach München, um uns als Gewinner des ersten Preises der Presse vorzustellen.
Am 2. November 1967 waren Behnisch und ich auf Einladung der Olympia-Baugesellschaft (OBG) in München und trafen uns dort mit den beiden Geschäftsführern Löwenhauser (technisch) und Göhner (kaufmännisch). Schwerpunkt war natürlich das Thema Überdachung, nachdem Professor Leonhardt auf Anfrage der OBG schriftlich erklärt hatte, dass „das Dach so nicht baubar" sei.
Am 14. November 1967 wies die OBG auf die im Zusammenhang mit der vorgeschlagenen Überdachung zu klärenden Probleme hin, unter anderem, „ob bei diesen Dimensionen das Vorbild von Montreal für ein Dach dieses Ausmaßes als Dauerbauwerk verwendet werden kann."
Am 16. November 1967 kam Dr. Finsterwalder, der legendäre Ingenieur, zusammen mit dem Chefkonstrukteur von Dyckerhoff & Widmann ins Kemnater Büro und holte aus seiner Aktentasche drei Holzformstücke, jeweils eines für jede Arena, und legte sie als seinen Vorschlag für die Lösung des Überdachungsproblems in unser Modell. Wir nahmen seinen Vorstoß zur Kenntnis, ohne im Weiteren darauf einzugehen, da anzunehmen war, dass er von der OBG zu diesem Besuch ermuntert worden war.

Am 14. Dezember 1967 stellten die Professoren Leonardt, Rüsch und Burkhardt (letztere Technische Universität München) in einem Schreiben an die OBG fest, dass es aus technischen und wirtschaftlichen Gründen nicht sinnvoll sei, ein Dach in dieser Form und diesem Ausmaß zu bauen, und es daher dem Bauherrn nicht empfohlen werden könne, nur die vom ersten Preisträger vorgeschlagene Lösung, ohne Prüfung echter Alternativen zum Zeltentwurf, der Planung zugrunde zu legen.

Die Preisträger (oben: Behnisch, Mitte v. l. n. r.: Büxel, Joedicke, Tränkner, unten v. l. n.r: Auer, Weber)

„Die glorreichen Fünf" auf dem Weg zur Ausstellungseröffnung

München
74 000 qm

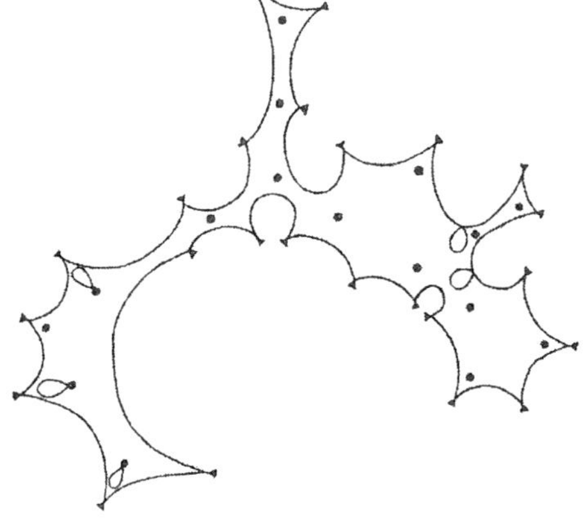

Montreal
8000 qm

Größenvergleich der überdachten Grundfläche

Ernst Maria Lang, Karikatur in „Süddeutsche Zeitung", Dezember 1967

Die prämiierte Zeltkonstruktion wird wohl nicht gebaut

Erster Preis im Münchener Olympia-Bauwettbewerb für eine interessante und wirtschaftliche Lösung

we. MÜNCHEN. Nach zwei Klausursitzungen von insgesamt neun Tagen hat das Preisgericht — wie in einem Teil der Wochenendausgabe schon berichtet wurde — sein Urteil über die Gestaltung der Olympia-Sportstätte für das Jahr 1972 in München gefällt. Der erste Preis in Höhe von 100 000 Mark ging an den 45 Jahre alten Diplom-Ingenieur Günter Behnisch und sein aus vier Mitarbeitern bestehendes Stuttgarter Architektenteam.

Nach diesem Plan soll das Olympiagelände auf dem Oberwiesenfeld von Grund auf verändert werden. Das Stadion strebt nicht hoch in den Himmel, sondern ist in die Tiefe gebaut. Der große Schuttberg soll mit in die Gestaltung einbezogen werden. Ein künstlicher See, der sich an einem Teil der Sportanlagen entlangzieht, lockert das Gelände auf. Der Entwurf überrascht nach Ansicht des Preisgerichts zugleich durch seine Aufgeschlossenheit, seine Lebendigkeit und seine Wirtschaftlichkeit. Seine Problematik liegt in der vorgesehenen Zeltdachkonstruktion. Man hält es für fraglich, ob bei solchen Dimensionen — Schwimm- und Sporthalle sowie Westseite des Stadions unter einem Dach — das Vorbild der Montrealer Zeltkonstruktion ausgeführt werden kann. Der Entwurf sollte daher in diesem Bereich nach Empfehlung des Preisgerichts nur als Grundlage für die weitere Bearbeitung verwendet werden. Das Preisgericht empfiehlt, an Stelle der Zeltdachkonstruktion gegebenenfalls eine andere zu verwenden. Es schlägt ferner vor, für das olympische Dorf auf der Grundlage des Entwurfs einen weiteren einstufigen Bauwettbewerb auszuschreiben.

Der Aufsichtsratsvorsitzende der Olympia-Baugesellschaft, Bundesfinanzminister Strauß, und sein Stellvertreter, der bayerische Finanzminister Dr. Pöhner, stellten übereinstimmend fest, daß hier glücklicherweise keine gigantische, sondern eine Münchnerische Lösung gefunden worden sei. Mit dem Stadion im Grünen als Mittelpunkt biete dieser Entwurf ein gediegenes und der Stadt gemäßes Bild. Alles sei auf die Möglichkeit der späteren Weiterverwendung geprüft worden.

Trotz der Zufriedenheit des Preisgerichts handele es sich, wie zu hören war, doch um eines der billigsten Projekte, das noch im Bereich des Voranschlags für die Kosten des Olympiageländes liege. Für das hier Geleistete könne der ausgeschüttete Preis nur eine symbolische Anerkennung sein, sagte Strauß. Dieses Gelände werde sich vortrefflich einfügen in die Gesamtplanung Münchens. Oberbürgermeister Dr. Vogel meinte, die jetzt getroffene Entscheidung sei für die Städtebauentwicklung Münchens von ungewöhnlicher Bedeutung. Die preisgekrönte Arbeit löse das Versprechen ein, das München in Rom gegeben habe. Es füge sich der Eigenart und dem Wesen der Stadt ein.

Professor Eiermann bezeichnete als Vorsitzender des Preisgerichts bei der Preisverkündung den Architektenwettbewerb als die größte derartige Ausschreibung, die es je in Deutschland gegeben habe. Insgesamt wurden 400 000 Mark für die Preisträger bereitgestellt. Der Wettbewerb umfaßte als Ideenwettbewerb die Gesamtanordnung der Bauanlagen für die Olympischen Spiele auf dem Oberwiesenfeld und als Bauwettbewerb die Gestaltung des Stadions, der Sporthallen, der Schwimmhalle und der zentralen Hochschulsportanlage. Strauß sagte vor Journalisten, nach der Gründung der Olympia-Baugesellschaft stelle die jetzige Entscheidung einen zweiten wesentlichen Schritt dar. Jetzt könne die Gesellschaft mit ihren konkreten Planungen beginnen.

Außerdem wurden noch fünf weitere Preise vergeben und sieben Modelle angekauft: Zweiter Preis (80 000 DM): Nickels, Ohrt, Marg (alle Hamburg); dritter Preis (60 000 DM): Professor Heinle (Stuttgart); drei vierte Preise (je 30 000 DM): Ludwig, Raab, Wiegand, Zuleger (alle München), Architektengemeinschaft Feuerbach, Arbeitsgemeinschaft Braunschweig. Für die Ankäufe wurden jeweils 10 000 Mark ausgegeben. Professor Egon Eiermann, der Vorsitzende des Preisgerichts, bezifferte den Wert der 104 angenommenen Entwürfe auf fünf bis sechs Millionen Mark.

Mit Wohlwollen begutachten (von links nach rechts) Bundesfinanzminister Franz Josef Strauß, Juryvorsitzender Professor Egon Eiermann, Oberbürgermeister Hans-Jochen Vogel und Sportpräsident Willi Daume den preisgekrönten Entwurf im Architektenwettbewerb für die Bebauung des Olympia-Geländes in München-Oberwiesenfeld. Die erfolgreiche Stuttgarter Architekten-Arbeitsgemeinschaft Günter Behnisch, Fritz Auer, Winfried Büxel, Erhard Tränkner und Karl Heinz Weber erhielten für ihre Arbeit 17 der 19 Stimmen des Preisgerichts.

Foto Keystone

„Frankfurter Allgemeine Zeitung", 16. Oktober 1967

Unabhängig von unserer weiteren Arbeit an den Überdachungsalternativen und ohne unser Wissen forderte die OBG am 19. Dezember 1967 weitere Preisträger, unter anderem Heinle und Wischer, Verfasser des 3. Preises, auf, auf der Basis unseres Entwurfes ihrerseits Dachalternativen zu entwickeln, und stellte dafür Abgüsse unseres Wettbewerbsmodells ohne Überdachung zur Verfügung. Wir benachrichtigten davon den Bund Deutscher Architekten Bonn-Rhein-Sieg (BDA) und erwirkten schließlich per einstweiliger Verfügung die Rücknahme dieses Vorhabens.

Am 12. Januar 1968 wandte sich Behnisch schriftlich an Frei Otto mit der Bitte, zu unserem Entwurf der Dachkonstruktion Stellung zu nehmen. Dieser antwortete darauf vier Tage später mit der grundsätzlichen Feststellung, dass das Münchner Dach baubar sei und dass er bereit wäre, falls Behnisch dies wünsche, an dessen weiterer Entwicklung mitzuwirken.

Freitag, 8. Dezember 1967 Seite 25

Olympiastadion ohne Zeltdach

Günter Behnisch soll eine neue Konstruktion entwerfen

Münchens Olympiastadion wird nicht von einem Zelt überdacht. Finanzminister Dr. Konrad Pöhner, der Vorsitzende des olympischen Bauausschusses, machte am Donnerstag während einer Rede vor der Industrie- und Handelskammer in Augsburg den Spekulationen um die „Konstruktion à la Montreal" ein Ende. Das Zeltdach hatte der Stuttgarter Architekt Günter Behnisch in seinem preisgekrönten Entwurf eingeplant. Nach einer Warnung von einem schwedischen Statiker habe Pöhner sich entschieden, den Architekten zu bitten, eine neue Konstruktion zu entwerfen, die jedoch die Gesamtkonzeption nicht verändere. Der Sachverständige habe vor allem Bedenken an der Wetterbeständigkeit des Zeltdaches und gegen die relativ hohen Kosten geäußert.

Die Ankündigung Pöhners kam überraschend, weil die Olympiabaugesellschaft bisher ebenso wie alle anderen Planungsgremien abgelehnt hatte, sich zu der Konstruktion zu äußern. Im Architektenbüro von Behnisch war die Entscheidung Pöhners am Nachmittag noch nicht bekannt.

Die Geschäftsführung der Olympischen Baugesellschaft ist zusammen mit den Preisträgern beauftragt gewesen, die Konstruktion des Zeltdaches zu überprüfen. Der technische Direktor der Gesellschaft, Paul Löwenhauser, erklärte auf Anfrage, eine Entscheidung durch den Aufsichtsrat sei aber noch nicht gefallen. Der kaufmännische Geschäftsführer der Gesellschaft, Werner Göhner, stellte fest, erst im Januar 1968 sollen die zuständigen Gremien zusammentreten, um einen endgültigen Beschluß zu fassen. Im übrigen sei das Zeltdach vom Preisgericht nicht als grundsätzlich angesehen worden. lsw

Seite 14 Montag, 11. Dezember 1967

„Das Zeltdach läßt sich bauen"

Günter Behnisch zu den Aeußerungen des bayerischen Finanzministers

Das Zeltdach für das geplante Olympiastadion in München läßt sich nach Ansicht des Stuttgarter Architekten Günter Behnisch durchaus bauen. Wie Behnisch, der mit seinem Entwurf den Olympia-Bauwettbewerb gewonnen hatte, am Freitag in München betonte, wird das „Zelt à la Montreal" nicht mehr kosten als eine konventionelle Dachkonstruktion. Mit diesem Kommentar antwortete der Architekt auf die Stellungnahme des bayerischen Finanzministers Dr. Konrad Pöhner. Der Minister hatte als Vorsitzender des Olympia-Bauausschusses am Donnerstag überraschenderweise die Dachkonstruktion aus technischen sowie finanziellen Gründen abgelehnt.

Behnisch versicherte, sein Büro habe die vorgeschlagene Dachlösung jetzt soweit durchgearbeitet, daß sich der Bauausschuß ein umfassendes Bild über die Vor- und Nachteile dieser Lösung machen könne. Einer Verwirklichung des Planes stehe aus technischer Sicht nichts mehr im Wege. Eine Entscheidung darüber sollte aber aus rein technischen Erwägungen gefällt werden.

Sollte der Entwurf nicht verwirklicht werden, so ergebe sich nach Angaben von Behnisch für die olympischen Anlagen Konsequenzen, die nicht ohne Einfluß auf die Gesamtkonzeption bleiben. Auch hierüber müsse man sich Gedanken machen, bevor man das vorgeschlagene Zelt verwerfe. Behnisch hatte in seinem Entwurf vorgesehen, neben dem großen Stadion auch einen Teil der übrigen Anlage mit dem Zelt zu überdachen. Mit einer endgültigen Entscheidung der Olympia-Baugesellschaft rechnet der Architekt, der von der Stellungnahme Pöhners lediglich durch Presseberichte informiert war, erst Ende Januar.

„Süddeutsche Zeitung", 8./11. Dezember 1967

Kampf um Münchens Olympiazelt

Der Konstrukteur Professor Frei Otto verteidigt sein Werk

Ende Februar wird die Olympia-Baugesellschaft entscheiden, ob das für München geplante Zeltdach gebaut wird oder nicht. Über das Für und Wider sprach Hans Wolfram Theil mit Professor Frei Otto, dem Konstrukteur des deutschen Zeltdaches von Montreal.

Frage: Das Preisgericht hat gegen das Zelt technische Bedenken geäußert. In seiner abschließenden Empfehlung hieß es, „im gegebenen Fall" seien auch andere Dachkonstruktionen denkbar, ohne daß die „für die Urteilsfindung maßgebenden Qualitäten" des preisgekrönten Behnisch-Entwurfs verlorengehen. Ist das auch Ihre Meinung?

Antwort: Dieser Vorbehalt wird je nach Einstellung verschieden gedeutet. Entweder negativ: Das Dach ist in Zweifel gesetzt. Oder positiv: Selbst wenn das Dach aus irgendeinem Grund nicht gebaut wird, ist der Entwurf so gut, daß man ihn auch dann erhalten könnte. Das Preisgericht fühlte sich offenbar überfordert, zu beurteilen, ob eine solche Zeltkonstruktion „geht" oder nicht. Es ist jedoch nirgends erwähnt, daß man ein anderes Dach *haben will* — man würde es lediglich, im gegebenen Fall, *akzeptieren.* Zu Unrecht hat sich nun eine ganze Polemik bemüht, diesen „gegebenen Fall" vorweg schon anzunehmen oder mit Gutachten gar zu konstruieren. Ein Zweifel an der grundsätzlichen Baubarkeit dieser Konstruktion wird aber kaum noch erhoben. Das Dach läßt sich sehr billig bauen, seine Kosten betrügen nur einen verschwindend kleinen Teil des Gesamtaufwandes.

Frage: Die Olympia-Baugesellschaft hat Behnisch um Stellungnahme zu den Bedenken des Preisgerichts gebeten. Wie man erfährt, liegen ihr aber auch andere gutachtliche Äußerungen vor, nämlich von dem Stockholmer Konstrukteur David Jawerth sowie von den Ingenieur-Professoren Burkhardt, Rüsch und auch von Leonhardt, Ihrem Statiker vom Expo-Pavillon. Was halten Sie von deren — offenbar negativen — Stellungnahmen?

Antwort: Eine negative Stellungnahme ist eindeutig nur bei Jawerth herauszulesen. Es ist sicher eine berechtigte Frage, inwieweit Herr Jawerth überhaupt Gelegenheit hatte, das vorgeschlagene Prinzip hinreichend zu studieren. Jawerth baut keine Flächentragwerke aus Seilnetzen, sondern Seilbinderkonstruktionen, er ist auf diesem Gebiet ein ausgezeichneter Realisator. Daß eine Stellungnahme der Herren Leonhardt/Rüsch/Burkhardt dem Dach eine Baubarkeit abspricht, trifft nicht zu. Es ist richtig, Alternativen zu studieren, die Kosten zu ermitteln und die Brauchbarkeit innerhalb des Gesamtkonzeptes zu überprüfen. Aber keinesfalls darf man die Wettbewerbsregeln dabei verletzen. So hätte auch der erste Preisträger Gelegenheit bekommen müssen, seine Vorentwurfskonzeption weiterzuentwickeln. Wie mir Behnisch sagte, ist dies — in einer dem Umfang der Arbeit angemessenen *Auftragsform* — leider nicht geschehen.

Frage: Architekten äußern Zweifel, ob die „Leichtigkeit" von Montreal bei den Münchner Dimensionen nicht verlorengeht.

Antwort: Auf keinen Fall. Bei der maximalen Spannweite von 150 Metern werden die Bearbeiter voraussichtlich statt der (in Montreal) 14 Millimeter dicken Seile solche von 18 Millimetern brauchen. Ich will die Schwierigkeiten nicht bagatellisieren. Selbstverständlich hat dieses Dach, wie jedes andere, seine eigenen Probleme. Es geht nur darum, sie einwandfrei zu lösen — und sie sind insgesamt im Zuge einer ordnungsgemäßen Bearbeitung lösbar. Diese hinauszuschieben ist fahrlässig. Jeder verlorene Tag kann ein Vermögen kosten — und der Tag rückt näher, an dem die olympischen Bauten wirklich nicht mehr baubar sind: nämlich wenn die Zeit fehlt.

Frei Otto: Die Lage ist transparent

Frage: Welche „Haut" soll nun in München unter das tragende Seilnetz gehängt werden?

Antwort: Wenn man in München dauerhaft bauen möchte, sollte man nicht „drunterhängen", sondern in jedem Fall „drauflegen". Man kann unter anderem mit Metall und mit Holz herangehen, ausnahmsweise auch mit Leichtbeton. Das alles ist nicht völlig neu. Seit langem gibt es gebaute Beispiele. Man kann ein Dach für hundert Jahre haltbar bauen, wenn das von jemandem verlangt werden sollte. Man kann auch eine Haut aus Kupfer- oder Bleiblech darüberziehen, deren Kosten übrigens gleich wären wie bei jeder konventionellen Dachkonstruktion. Besonders reizvoll wäre farbig emailliertes Blech.

Frage: Eine Fachzeitschrift hat moniert, daß in der bisherigen Diskussion zwar Fachleute des Massivbaues zu Wort kamen, daß aber der Leichtbauer Frei Otto noch geschwiegen habe. Sie halten also Behnischs Zelt uneingeschränkt für baubar?

Antwort: Der Bauherr hat mich nicht gefragt. Darum schwieg ich so lange, bis einseitige Argumente das öffentliche Bild beeinflußten. Im übrigen urteile ich völlig frei und bin an niemanden in irgendeiner Weise gebunden. Bis heute habe ich aber keinen Auftrag für die Anfertigung eines sachdienlichen Gutachtens erhalten. Die ganze Diskussion um die Baubarkeit ist Unsinn!

Frage: Wie kann es weitergehen? Welche Chancen geben Sie dem „Olympischen Zelt"?

Antwort: Man hat viel geredet, viel geschrieben und ist leider nicht weitergekommen. Es ging zumeist um Gefühle, weniger um Wissen. Wer die Preisgerichtsentscheidung nicht anerkennt, soll es sagen, jedoch seine Ablehnung nicht mit sogenannten technisch-wissenschaftlichen Argumenten beschweren. Behnisch hat die Pflicht, um seine Idee zu kämpfen. Die Besucher aus aller Welt (und auch die Münchner) werden die Anlage schätzen und lieben lernen. Mit diesem Entwurf können — erstmals in der jüngeren olympischen Geschichte — die *Bauten* den *Spielen* gerecht werden. Es gibt jetzt neue Hoffnung: Nach der Münchner Rangelei ist die Lage „transparent" geworden. Die offene Aussprache hat begonnen, es besteht Aussicht auf eine Versöhnung innerhalb der Mannschaft, die baut. Im Augenblick steht diese Mannschaft noch unentschlossen am Start, obwohl die Uhr bereits läuft. Sie hat eine ungeheuer schwierige Aufgabe zu bewältigen. Die Olympiade, da Fest der Welt, hängt von ihrem „Sieg" ab. Fatal, wenn sie versagen sollte. Und sie muß versagen, wenn sie nicht sofort startet und wenn sie nicht vom Publikum sportgerecht angefeuert wird.

Otto zur Realisierbarkeit des Daches, „Christ & Welt", 23. Februar 1968

Am 19. Februar 1968 übergaben wir der OBG unseren Arbeitsbericht mit den Untersuchungen mehrerer Überdachungsvarianten beziehungsweise -alternativen einschließlich Modellen, so zum Beispiel von den Masten abgehängte Seilflächen, Dachbinder in fächerartiger Anordnung, Raumfachwerke und Einzelüberdachungen der Stadien mit schweren, randgestützten Hängedächern. Alle Varianten wurden durch Firmen wie zum Beispiel MAN, MERO, HOECHST beratend unterstützt. In diesem Arbeitsbericht waren auch durch Joedicke veranlasste Stellungnahmen namhafter in- und ausländischer Ingenieure enthalten (unter anderem Arup, Sarger, Severud, Zetlin), die die Machbarkeit des im Wettbewerb vorgeschlagenen Überdachungsprinzips unter bestimmten Voraussetzungen bestätigten, insbesondere diejenige der „Konsultationsgruppe beratender Ingenieure" (Gattnar, Kupfer, Leonhardt, Lewenton, Otto, Polony, Isler), die am 17. Februar 1968 feststellte, dass das Hängedach in der weiterentwickelten Fassung als „vorgespanntes Stahlnetzdach mit schalenartig wirkender Holzkonstruktion" ausführbar sei.

Am 1. März 1968 beschloss der Aufsichtsrat der OBG, unseren mit dem 1. Preis im Wettbewerb ausgezeichneten Entwurf zunächst als Grundlage für die Gesamtkonzeption der olympischen Sportstätten auf dem Oberwiesenfeld zu verwenden mit dem besonderen Hinweis, dass bis zum 1. Juni 1968 sowohl der sogenannte Zeltdachentwurf als auch die Alternativen für die Überdachung der Stadien mit schweren Hängedächern vorzulegen seien, wobei zur Ausarbeitung dieser Alternativen der 3. Preisträger zuzuziehen sei. Damit waren wir auf jeden Fall zunächst mit der Gesamtplanung des künftigen Olympiaparks beauftragt, ohne dass die Frage der Überdachung letztlich geklärt war.

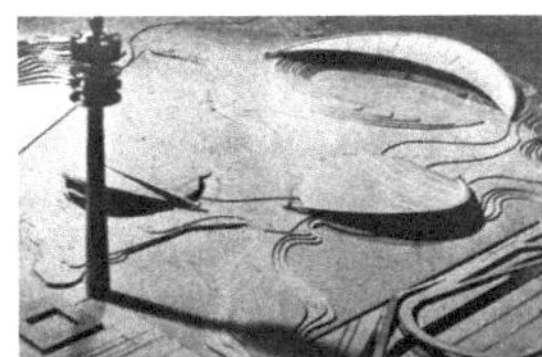

Überdachungsvarianten, 1968

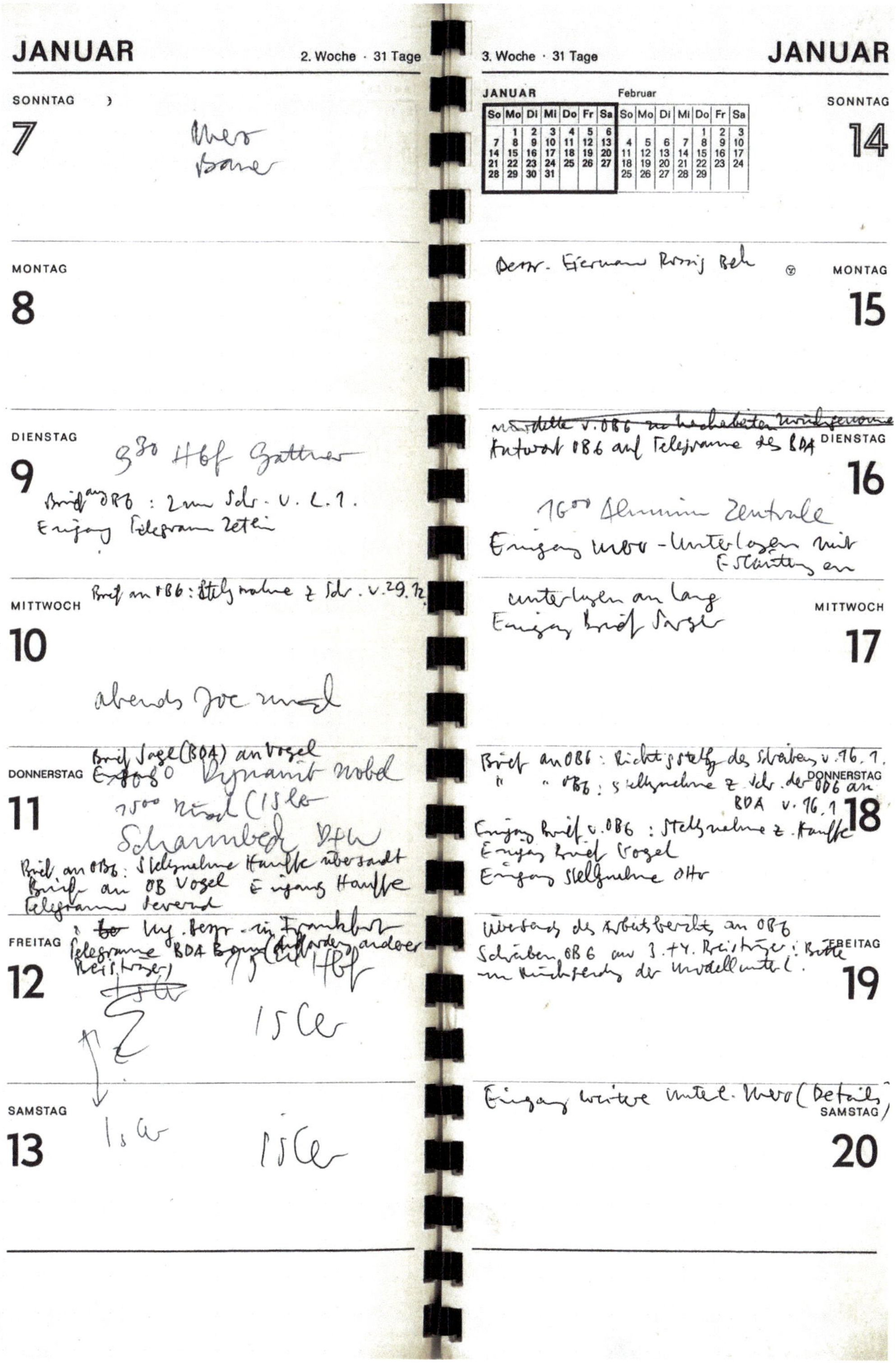

JANUAR 2. Woche · 31 Tage

SONNTAG
7

MONTAG
8

DIENSTAG
9

MITTWOCH
10

DONNERSTAG
11

FREITAG
12

SAMSTAG
13

3. Woche · 31 Tage **JANUAR**

JANUAR							Februar						
So	Mo	Di	Mi	Do	Fr	Sa	So	Mo	Di	Mi	Do	Fr	Sa
	1	2	3	4	5	6					1	2	3
7	8	9	10	11	12	13	4	5	6	7	8	9	10
14	15	16	17	18	19	20	11	12	13	14	15	16	17
21	22	23	24	25	26	27	18	19	20	21	22	23	24
28	29	30	31				25	26	27	28	29		

SONNTAG
14

MONTAG
15

DIENSTAG
16

MITTWOCH
17

DONNERSTAG
18

FREITAG
19

SAMSTAG
20

Auszug aus meinem Terminkalender, Januar 1968

Am nächsten Tag war in der „ZEIT" zu lesen, dass Heinle und Wischer, damalige 3. Preisträger des Wettbewerbs, in der gleichen Sitzung den Planungsauftrag für das Olympische Dorf und die Zentrale Hochschulsportanlage zugesprochen bekamen, obwohl der BDA und die Bayerische Architektenkammer einen Realisierungswettbewerb für das Olympische Dorf gefordert hatten, nachdem für dieses im ursprünglichen Wettbewerb nur ein genereller Vorschlag im städtebaulichen Ideenteil verlangt war. Diese Entscheidung forderte zurecht vehemente Proteste der Architektenschaft heraus, mit denen unter anderem Heinle aufgefordert wurde, diesen Auftrag nicht anzunehmen und sich stattdessen einem Realisierungswettbewerb zu stellen. Es blieb aber letztlich beim Protest und der Erteilung des Planungsauftrages für das Olympische Dorf an Heinle und Wischer.

Nun konnten wir also ab Anfang März 1968 mit dem Aufbau der „Olympiamannschaft" beginnen. Ich übernahm die Sichtung und Auswahl der nunmehr zahlreich bei uns eingehenden Bewerbungen, unter anderem von Johannes Albrecht, Jörg Bauer, Helmut Beutel, Birgit Emmrich, Horst Friedrichs, Jürgen Krug, Frohmut Kurz, Berthold Rosewich, Adolf Schindhelm und Udo Welter. Etwa Mitte März zogen wir von den Büroräumen in Kemnat, wo wir seit dem Wettbewerb gearbeitet hatten, in die größeren Werkräume der dortigen Schule um.

Am 11. März 1968 waren wir mit Joedicke und Isler auf Einladung Heinles in dessen Büro. Jörg Schlaich, der bei Leonhardt und Andrä im Wettbewerb für die sogenannten Umfanggestützten Hängedächer des 3. Preises verantwortlich gewesen war, erläuterte dieses Prinzip vor dem Hintergrund der Aufsichtsratsentscheidung vom 1. März 1968. Wir sahen keinen Anlass für eine Zusammenarbeit mit Heinle beziehungsweise dessen Mitwirkung bei der weiteren Planung einer solchen Alternative, was beide bedauerten, aber letztlich einsehen mussten.

Alternativen: punktgestütztes (oben) und randgestütztes (unten) Hängedach

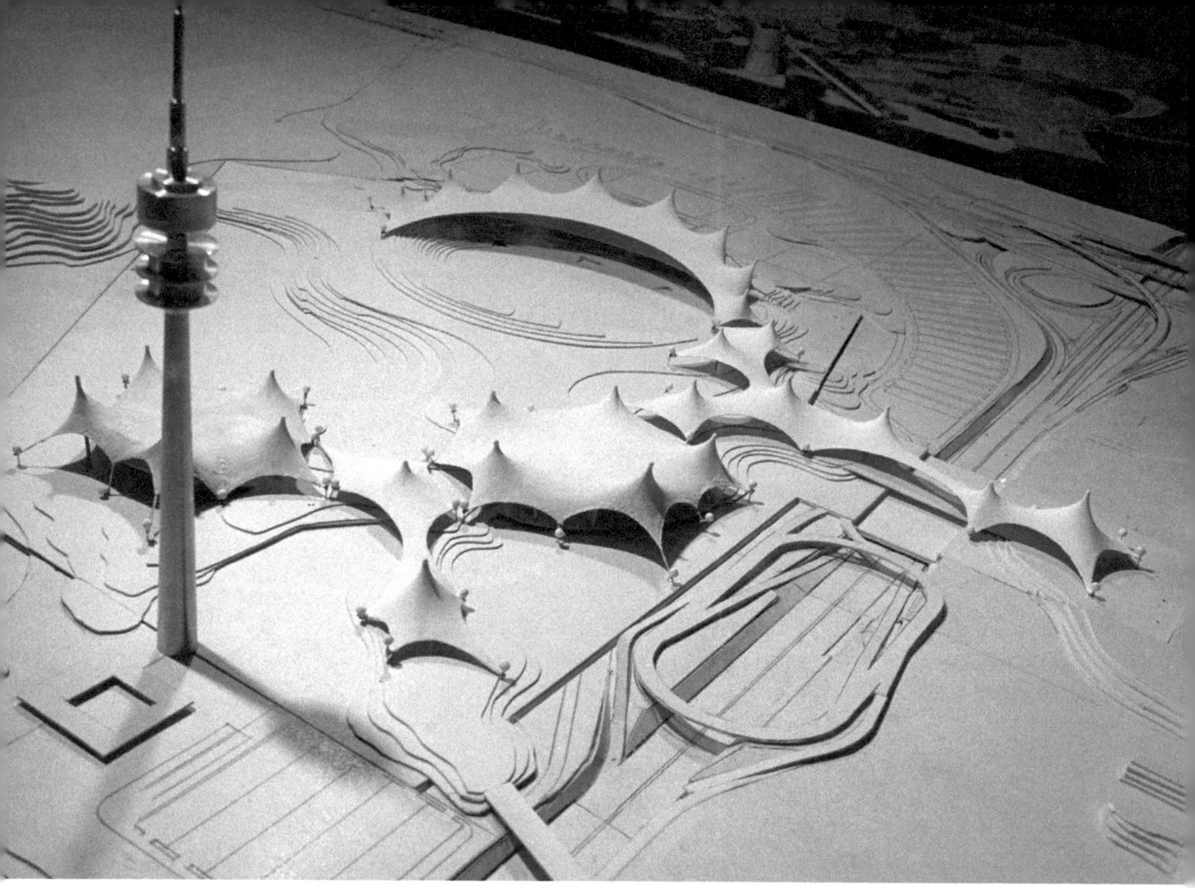

Tags darauf kamen auf unsere Bitte Leonhardt, Otto und Isler nach Kemnat, um mit uns über die weitere Entwicklung der beiden geforderten Dachalternativen, die Art der weiteren Zusammenarbeit und der damit zusammenhängenden Organisationsfragen zu sprechen. Leonhardt deutete an, dass er Schlaich für dieses Projekt zur Verfügung stellen könne, worauf am 18. März 1968 ein erstes informelles Gespräch mit Schlaich in Kemnat stattfand. Man kam überein, dass beide Überdachungsvarianten in einer Arbeitsgruppe weiterentwickelt werden sollen, in der ich für Behnisch & Partner, Schlaich für Leonhardt und Andrä verantwortlich sein sollten, während Otto zunächst als Berater mitwirken wollte.

Anfang April 1968 bezogen wir mit etwa 15 Mitarbeitern das erste Münchner Olympiabüro in einer Gründerzeitvilla in der Destouchesstraße.
In den folgenden Wochen wurden die mit den Überdachungsvarianten zusammenhängenden architektonischen, konstruktiven, bauphysikalischen und Sicherheitsfragen erarbeitet und in zahlreichen Gutachtersitzungen, Einzelgesprächen mit Firmen, Behörden und so weiter erörtert und, soweit möglich, geklärt.
Parallel dazu baute Isler mit seinen Schweizer Mitarbeitern ein martialisch wirkendes Dachmodell innerhalb eines raumgroßen Stahlgerüsts im Maßstab 1:50, an dem laut Isler vor allem Formänderungen des Daches unter Belastung simuliert werden sollten. Wir waren beeindruckt von den kistenweise vorgelegten Computerausdrucken, die aber nach unserer Vermutung mehr den Zweck hatten, Islers Kompetenz in Sachen „Leichte Flächentragwerke" glaubhaft zu machen und die OBG damit zu beeindrucken.
Bereits im Mai 1968 verlegten wir, inzwischen auf eine Größe von etwa 30 Mitarbeitern angewachsen, zunächst gegen unseren Willen auf eindringliche Bitte der OBG unser Büro von der Destouchesstraße in die neuerbauten „Provisorien" des Olympiabauzentrums – nüchterne eingeschossige Zeilen aus Stahlbetonfertigteilen, direkt auf dem Oberwiesenfeld südlich des Nymphenburger Kanals. Außer der OBG hatten sich sowohl Grzimek und Heinle mit ihren Büros, aber auch alle beteiligten Ingenieurbüros dort angesiedelt, was letztlich eine enorme Vereinfachung der komplizierten Abstimmungsvorgänge mit sich brachte.

Während Schlaich mit einer Gruppe von Mitarbeitern (unter anderem Bergermann, Mayr, Gabriel, Horstmann) die Alternative „Einzelüberdachungen", allerdings nicht als schwere, sondern als vorgespannte, randgestützte Hängedächer, weiterentwickelte, intensivierten wir unsererseits die Zusammenarbeit mit Otto, der Atelier und Wohnung damals noch in Berlin-Zehlendorf hatte, um das sogenannte Punktgestützte Hängedach voranzutreiben. Hierzu war ich erstmals am 26. April 1968 in Berlin.

Otto hatte inzwischen mehrere Typologien für das Tragwerk des punktgestützten Hängedaches entwickelt, hierfür prototypische Modelle im Maßstab 1:200 am Beispiel des Stadions gebaut und der „Planungsgruppe Dach" vorgestellt. Wir waren überzeugt, dass mit der Variante, segmentartige Seilnetzflächen in ein System von Primärseilbindern einzuspannen, die Alternative nicht nur zum randgestützten Dach gefunden war, sondern dadurch die Idee des kontinuierlichen „schwingenden" Dachs, wenn auch konstruktiver betont als im Wettbewerb, realisiert werden konnte.

In der Woche vom 5. bis 10. Mai 1968 war ich ein weiteres Mal im Atelier Otto in Berlin und übertrug zeichnerisch dieses Prinzip auf die gesamte Überdachung.

Am 6. Juni 1968 siedelte ich samt Familie nach München-Schwabing in die Georgenstraße um, Weber war inzwischen mit seiner Familie in die Franz-Josef-Straße in Schwabing gezogen. Während Büxel und Tränkner zwischen Stuttgart und München pendelten, kam Behnisch aufgrund seiner 1967 übernommenen Professur an der Technischen Hoschule Darmstadt in der Regel ein bis zwei Tage in der Woche nach München.

Weber war im weiteren verantwortlich für die Gesamtplanung des Olympiaparks und deren Koordination mit den anderen Planungsbeteiligten, wozu sowohl die Abstimmung mit den Büros Grzimek, inzwischen Heinle Wischer + Partner, sowie den mit weiteren Einzelmaßnahmen beauftragten Architekten als auch mit den zahlreichen Ingenieurbüros, die für die technischen Bauten verantwortlich waren, gehörte. Büxel befasste sich zunehmend mit den technischen Problemen des Dachs, Tränkner übernahm die geschäftliche und organisatorische Büroleitung und zusammen mit Behnisch die Abstimmung der Planungen mit der OBG.

Für die drei Hauptsportstätten bildeten wir Projektgruppen, die von Frohmut Kurz und Hermann Peltz koordiniert wurden. In wöchentlichen Projektbesprechungen, bei denen in der Regel auch Behnisch präsent war, wurden die aktuellen Planungen hinsichtlich der vorgegebenen konzeptionellen Ziele vorgestellt, diskutiert und unter dem Arbeitsbegriff „Situationsarchitektur“ vertieft.

Anlässlich der letzten Sitzung der „Planungsgruppe Dach“ vor der entscheidenden Aufsichtsratssitzung im Juni 1968 legte Otto völlig überraschend anhand eines Modells im Maßstab 1:1000 eine eigene Version des Sportstättenbereichs einschließlich Überdachung vor, die wesentlich von unserem bisherigen Konzept abwich. Wir waren nicht bereit, auf seine Vorstellungen einzugehen, und baten ihn, sein Modell zurückzuziehen. So wurden schließlich die beiden Alternativen – randgestütztes und punktgestütztes Hängedach – auf der Grundlage unseres Gesamtentwurfs weiterentwickelt und in Plänen und Modellen im Maßstab 1:200 präzisiert.
Für die Eindeckung und Dämpfung des Seilnetzes zogen wir zunächst außer einer weichen, also nicht schalenartig wirkenden Brettholzauflage, ähnlich dem Versuchsbau für den Montreal-Pavillon in Stuttgart-Vaihngen, auch Leichtbeton im Torkretverfahren in Betracht. Für die Ausbildung der Dachhaut wurde eine ganze Palette von Möglichkeiten angedacht und mit den jeweiligen Herstellern diskutiert, von bituminösen, aluminiumbeschichteten Auflagen bis zu PVC-Folien- und Metallschindeleindeckungen. Die sogenannten Augen zwischen den Netzsegmenten sollten in jedem Fall lichtdurchlässig ausgebildet werden.

Erst aufgrund der negativen Erfahrungen des Farbfernsehens bei den Olympischen Spielen im Sommer 1968 in Mexico City kam die Forderung nach einer transluzenten bis transparenten Dacheindeckung auf, die zunächst von der Firma Röhm in Darmstadt vorgeschlagen und letztlich am 7. Juli 1970 zugunsten einer Acrylglaseindeckung entschieden wurde, womit wir einer weiteren Idee unseres ursprünglichen Wettbewerbsentwurfs, einer insgesamt lichtdurchlässigen Dachhaut, näher kamen.

„Planungsgruppe Dach" (v. l. n. r.: Leonhardt, Schlaich, Otto, Auer, Isler), Frühjahr 1968

Alternativmodell Otto, Juni 1968

Nach mehreren Gutachtersitzungen und einer nochmaligen Zusammenkunft von Mitgliedern des ehemaligen Preisgerichts am 6. Juni 1968 mit einer abschließenden eindeutigen Empfehlung für das punktgestützte Hängedach schloss sich am 21. Juni 1968 der Aufsichtsrat der OBG unter Vorsitz von Franz Josef Strauß diesem Votum an.

Damit war der „Kampf ums Dach" abgeschlossen und der Weg frei für die konkrete Realisierung der bereits in unserem Wettbewerbsbeitrag beinhalteten Idee einer Gesamtgestalt des zentralen Sportstättenbereichs aus Landschaft und Zeltdach, wie wir sie heute kennen.

Doch der Weg war noch weit und kostspielig bis zu diesem erlösenden Endergebnis, denn die weitere Konkretisierung der Überdachung musste viele Hürden nehmen, seien sie technischer, finanzieller oder letztlich ästhetischer Art.

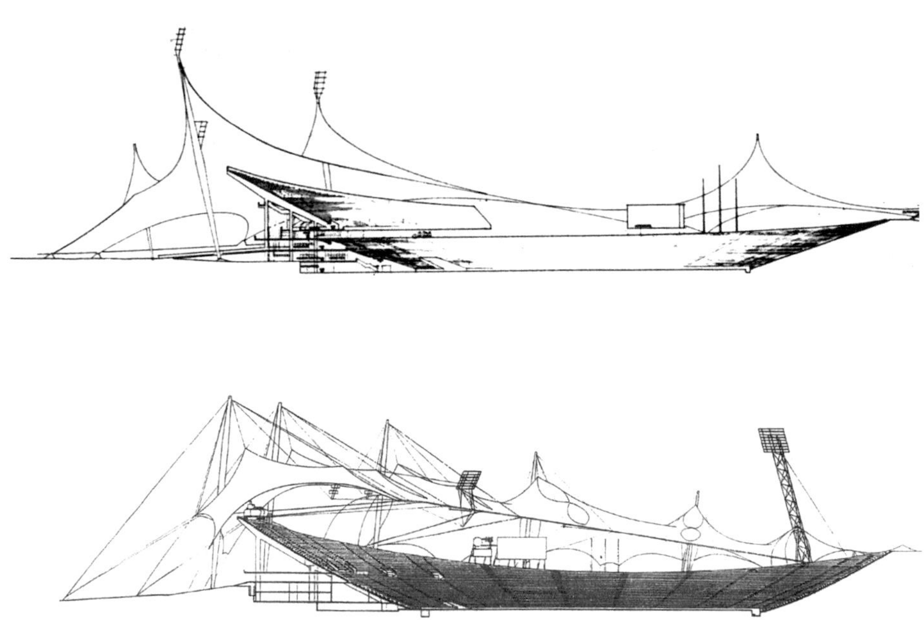

Stadionschnitt Wettbewerb 1967 (oben) und Realisierung 1972 (unten)

Gestern fiel die Entscheidung über das Stadion der Sommerspiele in München

Glatter Sieg für das Olympia-Zeltdach

München (AZ) — Münchens olympisches Zeltdach ist gerettet. Gestern entschied sich der Aufsichtsrat der Olympiabaugesellschaft unter Vorsitz von Bundesfinanzminister Strauß für den Bau des von Professor Behnisch und Partnern weiterentwickelten „punktgestützten Hängedaches", des größten Daches in Europa. Es kostet rund 30 Millionen Mark, doppelt so viel wie die Lösung mit sichelähnlichen Dächern. Den Ausschlag gaben städtebauliche Gründe. (Siehe S. 23.)

So wird das Zeltdach über dem Olympia-Stadion aussehen

Münchner „Abendzeitung", 23. Juni 1968

Während in München und Stuttgart an Tüll- und Messmodellen gearbeitet wurde und sich eine Gutachtersitzung an die nächste reihte, fanden vom 12. bis 27. Oktober 1968 in Mexico City die XIX. Olympischen Sommerspiele statt. Um diese und vergleichbare Sportstätten zu besichtigen, flogen Büxel, Joedicke und ich dorthin und weiter in die USA, wobei Joedicke und ich die Gelegenheit zu einem Abstecher nach Yucatan nutzten, um die aztekischen Hinterlassenschaften zu besichtigen.

Inzwischen waren die ursprünglich Ende 1967 genannten Kosten für das Zeltdach mit einer Grundfläche von ca. 73 000 qm von 18 Millionen DM Mitte Mai 1969 auf 41 Millionen DM gestiegen, die im weiteren, nachdem sich mehrere Firmen zu nur einem Angebot zusammenschlossen, Mitte Juli 1969 schließlich bei 100 Millionen DM landeten.
Doch auch diese unerwartete Kostensteigerung konnte, schon aus Zeitgründen, die weitere Konkretisierung nicht aufhalten, auch weil die politisch Verantwortlichen dieses Ziel nie aus den Augen verloren. Dass die Presse diese Entwicklung auf Schritt und Tritt verfolgte und je nach Couleur mit immer griffigeren Schlagzeilen aufwartete, war abzusehen.

Die von uns erarbeiteten Tüllmodelle für die Überdachung der drei Hauptsportstätten und der dazwischenliegenden Freibereiche im Maßstab 1:200 wurden anschließend bei Otto an seinem Institut für Leichte Flächentragwerke in Stuttgart in sogenannte Messmodelle aus feinen, handgelöteten Metallnetzen übersetzt, an denen die Dachform und deren voraussichtliche Verformung unter Belastungen durch Wind und Schnee über kleine, briefmarkenähnliche Instrumente gemessen und registriert wurden.
Parallel dazu wurden die Dachformen am Institut für Geodäsie der Universität Stuttgart unter Professor Klaus Linkwitz kartografisch, den Höhenlinien einer Landkarte ähnlich, aufgenommen, auch als Vorlage für den Zuschnitt der Unterdecken in den beiden Hallen.

Olympische Spiele in Mexico City, 1968

Maya-Ruinen in Teotihuacán

Arbeiten am Tüllmodell

Um 6300000 Mark zu teuer!

Millionen-Bombe bringt Münchens Olympiazelt ins Wanken

Münchner „Abendzeitung“, 17. Juli 1969

100 Millionen für Zeltdach aus Plexiglas

Hiobsbotschaft vom Oberwiesenfeld — Bleibt es bei bisheriger Planung?
Strauß, Pöhner und Vogel fragen: Wer hat Sorgfaltspflicht verletzt?

Von unseren Redaktionsmitgliedern Diether Wintz und Thomas Gebel

Jetzt ist die Bescherung komplett: Das in der Vergangenheit vielgepriesene Olympia-Zeltdach auf dem Oberwiesenfeld wird statt der ursprünglich im Oktober 1967 erwarteten 12 Millionen Mark nunmehr mehr als 100 Millionen Mark kosten. Diese Summe ergibt sich nach den Überprüfungen der Zeltdach-Ausschreibung. OBG-Hauptgeschäftsführer Mertz gab diese Hiobsbotschaft jetzt dem Aufsichtsrat der Olympia-Baugesellschaft bekannt. Der Aufsichtsrat, in dem Bund, Land und Stadt vertreten sind, will die Rechnungsprüfungsbehörden bitten, zu klären, ob „ungeachtet der einmaligen Schwierigkeit des Projekts einer oder mehrere Beteiligte ihre Sorgfaltspflicht verletzt haben".

Bis in die Abendstunden hinein berieten am Dienstag Bundesfinanzminister Strauß, Finanzminister Pöhner und Oberbürgermeister Vogel mit OBG-Hauptgeschäftsführer Carl Mertz die neue Lage. Mertz stellte fest, was die Ausschreibungs-Überprüfungen der Firmen-Angebote für das Olympia-Zeltdach ergeben hatten: das billigste Firmenangebot für dieses Projekt liegt bei mehr als 100 Millionen Mark.

Ursprünglich hatte man mit 12, dann mit 18, dann mit 26 Millionen Mark, schließlich — noch vor wenigen Wochen — mit 37 Millionen Mark gerechnet.

Am Mittwochvormittag gab die OBG fernschriftlich folgende Presseerklärung an die Redaktionen:

1. Die seinerzeitige Entscheidung des Organisationskomitees und des Aufsichtsrats für die Zeltdachlösung beruht auf gutachtlichen Äußerungen der Sachverständigen Gattnar (München), Kupfer (München), Leonhardt (Stuttgart), Lewenton (Karlsruhe), Otto (Stuttgart), Polony (Berlin), Isler (Burgdorf/Schweiz), Joedicke (Stuttgart), Severud (New York) und Sarger (Paris) sowie auf Schätzungen von Professor Behnisch und der Geschäftsführung der OBG. Auch der Betrag im Kostenvoranschlag beruht auf diesen Schätzungen.

2. Der Aufsichtsrat hat die Rechnungsprüfungsbehörden des Bundes, des Freistaats Bayern und der Landeshauptstadt München um die Prüfung der Frage gebeten, ob ungeachtet der einmaligen Schwierigkeiten des Projekts einer oder mehrere Beteiligte ihre Sorgfaltspflicht verletzt haben.

3. Der Aufsichtsrat hat die Geschäftsführung ermächtigt, mit den Firmen in Verhandlungen einzutreten. Die Geschäftsführung erwartet sich davon eine nachhaltige Kostensenkung.

4. Die Zeltdachlösung ist von der Öffentlichkeit von Anfang an begrüßt und vor allem von der Fachwelt als die einzige Lösung bezeichnet worden, die städtebaulich und architektonisch dem Rang und der Bedeutung der Olympischen Spiele gerecht werde. Der Aufsichtsrat hat sich dieser Auffassung angeschlossen und bekennt sich auch heute zu ihr.

Wer ist verantwortlich?

Diese Presseerklärung wurde einstimmig von den Vertretern des Bundes, des Landes und der Stadt München gebilligt. Anwesend waren Bundesfinanzminister Strauß, Finanzminister Pöhner und Oberbürgermeister Vogel. In der mehrstündigen Diskussion wurde von allen Seiten die Frage nach den Verantwortlichen für diese enorme Kostenfehlschätzung gestellt. Auch die bisherige Geschäftsführung der OBG soll dabei ins Kreuzfeuer der Kritik geraten sein.

Olympia-Architekt Behnisch, den der OBG-Aufsichtsrat ebenfalls zu der Dienstag-Sitzung rufen ließ, war jedoch nicht erreichbar. Wie zu hören ist, lag das billigste Angebot für das Olympia-Zeltdach bei knapp über 100 Millionen Mark. Das Angebot der zweiten Firmen-Arbeitsgemeinschaft soll demgegenüber sogar noch deutlich über der Summe von 100 Millionen Mark gelegen haben. Nur diese beiden Firmengruppen hatten die Zeltdach-Ausschreibung mitgemacht.

Nur zwei Firmengruppen bewarben sich

Nach dem Ergebnis der Ausschreibung käme ein sogenanntes verspanntes Drahtseilnetzsystem für das „Zeltdach" in Frage, das im Bereich des Stadions mit lichtdurchlässigem Plexiglas ausgefüllt wird. Über den anderen Sportanlagen soll dieses Plexiglas nicht zum Zuge kommen. Eine Firmen-Arbeitsgemeinschaft, die auf Holzkonstruktionen spezialisiert ist, hatte zwar die Ausschreibungs-Unterlagen bei der OBG abgeholt, dann aber auf eine Beteiligung an der Ausschreibung verzichtet.

Nach dem Kosten-Debakel beim Olympia-Zeltdach ergibt sich eine neue Gesamtkostensumme für die Münchner Olympia-Anlagen von nunmehr 868 Millionen Mark. Man rechnet damit, daß davon 435 Millionen Mark aus der Olympia-Lotterie und den Olympia-Zehn-Mark-Stücken aufgebracht werden können. Die

Strauß fordert OBG-Sitzung

Kurz vor Redaktionsschluß teilte uns Bundesfinanzminister Strauß auf Anfrage folgendes mit:

„Der Unterschied zwischen den von Prof. Behnisch und Partnern und einer Reihe international anerkannter Sachverständiger geschätzten Kosten für das Zeltdach einerseits und dem Ergebnis der Ausschreibung andererseits kann nur in

„Münchner Stadtzeitung", 17. Juli 1969

Im Laufe der Bearbeitung taten sich allerdings glaubenskriegähnliche Meinungsverschiedenheiten bezüglich einerseits der Methode der exakten Form- und Verformungsbestimmung und andererseits der Maschenweite der Seilnetzflächen auf.
Während Otto auf Vermessung nach der Montreal-Methode bestand, konnten sich die Ingenieure um Leonardt und Schlaich nicht vorstellen, dass diese „händische" Methode bei einem Dach dieser Größenordnung letztlich State of the Art sein sollte, und entwickelten ein CAD-Programm, das erstmalig ein vielfach statisch unbestimmtes System eines hyperbolisch gekrümmten Seilnetzes exakt berechnen ließ.
Schließlich wurde zwischen den beiden Lagern der Kompromiss geschlossen, dass Ottos Methode für die Überdachung der Schwimmhalle und der freien Zwischenbereiche angewandt werden sollte, Leonhardt mit Schlaich über CAD-gestützte Berechnungen die Überdachungen des Stadions und der Sporthalle übernahmen.
Das andere Problem war die Diskussion über die Maschenweite des Seilnetzes. Während Otto eindringlich, auch aus Sicherheitsgründen bei der Begehung des Netzes während der Montage, für die in Montreal bewährte Maschenweite von 50 × 50 cm eintrat, verfolgten die Ingenieure eine solche mit 150 × 150 cm, was letztlich, wiederum als Kompromiss, zu einer Maschenweite von 75 × 75 cm führte.
Die detaillierte Berechnung für die verformungsabhängigen Längen der einzelnen Netzseile übernahm das Institut für Luft- und Raumfahrttechnik unter Professor John H. Argyris an der Universität Stuttgart, über dessen Riesencomputer tage- und nächtelang die Ergebnisse für deren spätere Fertigung geliefert wurden.

Messmodell des Schwimmhallendaches, Institut für Leichte Flächentragwerke, Stuttgart

Photogrammetrie des Messmodells

Anlieferung der Netzseile

Montage der Rand- und Netzseile

Hebevorgang des Seilnetzes

Anheben des Seilnetzes im Stadion

Randseilfundament des Stadions für 4500 t Zugkraft

Stadionmast

Schließlich hatte auch die Dachhaut aus Acrylglas die rigorose Eignungsprobe bestanden. Das Material durfte bei einem eventuellen Brandfall weder weiterbrennen noch abtropfen, um einerseits die Zuschauer, andererseits das Stahlseilnetz vor Überhitzung zu schützen, und unter Schneelast nicht zu brechen.
Dies wurde erreicht durch eine dem Sicherheitsglas ähnliche Vorreckung der 3 × 3 m großen Plexiglastafeln, die, um den wechselnden Verformungen des Seilnetzes folgen zu können, über Neoprenefugen und -puffer punktuell mit dem darunterliegenden Seilnetz verbunden wurden.

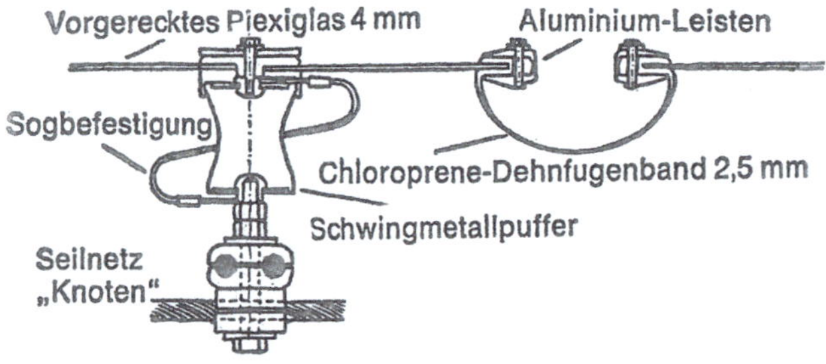

Seilnetz ohne Eindeckung

Brandlastversuch

Schneelastversuch

Verbindung der Acrylglastafeln mit dem Seilnetz

Die wärmedämmenden Unterdecken für die beiden Hallen aus einer ober- und unterseitigen Lage gewebeverstärkter Polyesterfolie und einem dazwischenliegenden Kissen aus plissierten PVC-Schichten wurden am Boden montiert und anschließend unter das Seilnetz hochgezogen.

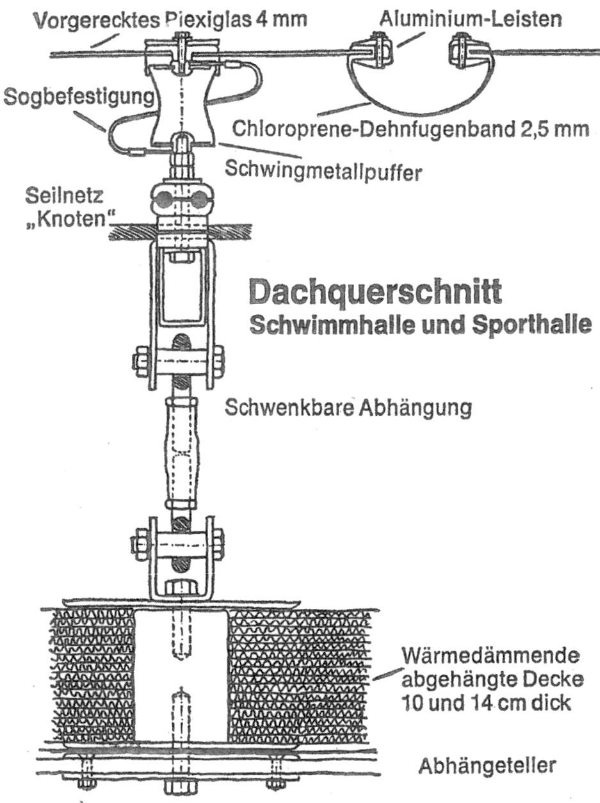

Seilnetz vor Montage der Dachhaut

Montage der Unterdecke in der Schwimmhalle

Montage der Dachhaut

Legendär waren die jährlich von uns initiierten Faschingsfeste, die unter so zweideutigen Mottos wie „Volles Rohr“, „Alle Jahre wieder – das Fest der weißen Mieder“ oder „St. Beni et Padres“ in den Fluren und Räumen des Olympiabauzentrums stattfanden und im Nachgang so manche vorehelichen Bindungen zeitigten.

Zur Entspannung nach der anstrengenden Planungsarbeit unter der Woche und für den internen Familienfrieden konnten wir 1971 einen Bauernhof im Pfaffenwinkel ausfindig machen, der uns an den Wochenenden frische Landluft mit Seezugang und vor allem für die Kinder ein Abenteuerleben in Wald und Flur bot.

Mit einem zünftigen „Landsportfest“, zu dem wir die Dorfbewohner und unsere Nachbarn einluden, nahmen wir 1974 Abschied von dieser ländlichen Idylle und zogen wieder zurück nach Stuttgart.

Phillip und Moritz Auer auf der Stadionbaustelle, 1970

Faschingseinladung, 12. Februar 1969

Landsportfest im Pfaffenwinkel, 1974

Am 4. November 1971 konnte, nach nur vier Jahren seit dem Wettbewerbsgewinn, das Richtfest für die abgeschlossenen Stahlbauarbeiten der gesamten Überdachung gefeiert werden, zu dem wir unsererseits den passenden Richtspruch lieferten.

Schließlich konnten am 21. April 1972 mit der letztverlegten Plexiglasplatte für eine Dachfläche von ca. 80000 qm die für die Dacheindeckung verantwortlichen Firmen die Fertigstellung ihrer Arbeit verkünden.

Die Architekten unter dem aufgespannten Seilnetz des Stadions

Sehr verehrte Damen und Herren

Liebe Freunde!

Das Dach ist oben!

Das Dach, das heute in Stahl leicht und filigran über uns schwebt.

Das Dach, das wir vor nunmehr vier Jahren entworfen und architektonisch entwickelt haben, entwickelt aus der architektonischen Konzeption der olympischen Landschaft heraus, angeregt durch die Arbeit Frei Ottos, dargestellt mittels eines Damenstrumpfes, gewiß unvollkommen damals und von vielen belächelt.

Das Dach, das wir von Anfang an bauen und realisieren wollten, weil als einzig mögliche Lösung der Überdachung der Sporstätten in unserer olympischen Landschaft denkbar.

Das Dach, für das sich unser großer Freund und damals wohl profiliertester deutscher Architekt – Egon Eiermann – in aller Öffentlichkeit und mit aller Überzeugungskraft engagiert hat, in einer Situation, als die Ausführbarkeit dieser Konstruktion angezweifelt wurde.

Das Dach, als dessen geistige Väter auch die anzusehen sind, die vor uns den Akkord der olympischen Spiele 1972 angeschlagen haben:

haben:

Olympiade im Grünen
Sport und Kunst
jugendlich, offen, heiter

Das Dach, das trotz aller Rückschläge am Leben blieb und hinter dem nun seit 2 1/2 Jahren auch die Bauherrschaft voll steht. Dank dafür!

anderes

Das Dach, das in unserer gemeinsamen Arbeit eigentlich nichts anderes als die Überdeckung eines Teiles der olympischen Landschaft sein sollte und das in unserer gemeinsamen Arbeit und für die Öffentlichkeit unwillkürlich als architektonisches Zeichen der Spiele in den Vordergrund gerückt ist.

Das Dach, das uns allen zeigt, welche Kraft architektonische Ideen beinhalten können, welche Energien sie freisetzen können und das alle die Architekten und Planer widerlegt, die ihre Arbeit opportunistisch als Vollzugsbeamte der sogenannten "bestehenden Verhältnisse" erledigen.

Das Dach, das Bauherrschaft, Architekten, Ingenieure, Mathematiker und Geodäten, Werksleiter und Techniker, Netzplantechniker, Bauleiter und Bauhandwerker und viele andere mehr zusammengezwungen hat zu gemeinsamen, neuen Wegen und Leistungen,
für das neue Konstruktionen, Rechenverfahren und Denkmodelle entwickelt wurden,
dem seitens der genehmigenden Behörden Offenheit und Verständnis entgegengebracht wurde.

Das Dach, das in vielen Werkstätten vorbereitet wurde.

Das Dach, das uns Tag und Nacht beschäftigt hat.

Das Dach, auf das Ihr, meine Freunde von der Presse, vom Rundfunk, vom Fernsehen uns vom ersten Tag an festgelegt habt und wegen dessen wir von Euch gelobt und auch reichlich getadelt wurden.

Das Dach, dessen Kosten – und auch das gehört hierher – im frühen Stadium offensichtlich schwer erfaßbar waren.

Das Dach, das viele wegen seiner ungewöhnlichen Form, seiner neuartigen Konstruktion, seiner großen Abmessungen zaudern ließ.

Das Dach, von dem zu einem frühen Zeitpunkt unsere Freunde in der Sache Fritz Leonhardt und Frei Otto sagten:
Das geht!
Wir – Architekten und Ingenieure – Behnisch & Partner, Frei Otto, Leonhardt + Andrä – planen es gemeinsam –
und von dem unser Mitstreiter Wilhelm Schaupp später sagte:
Gut, dabei helfe ich Euch.

Das Dach, das uns auch durch Tiefen geführt hat,
von dem man uns abgeraten hat
was schon im Stadium der architektonischen Konzeption
– gewissermaßen kurz nach seiner Geburt – von Spezialisten und Gutachtern umgebracht werden sollte.

Das Dach, welches wir vor drei Jahren noch mit Holz, Beton, Dachpappe, Blech machen sollten.

Das Dach, das von Euch, meine Freunde auf der Baustelle, mit erstaunlicher Selbstverständlichkeit vorgefertigt, geknüpft, verschraubt, ausgelegt, aufgestellt, hochgezogen und gespannt wurde.

Das Dach, das schon heute zu den interessantesten, schönsten und bekanntesten Bauwerken zählt.

Das Dach – allen Dank, die zu seiner Entstehung beigetragen haben!

Das Dach ist oben!

Gott sei Dank!

Gott

München, 4. November 1971

Behnisch & Partner
Freie Architekten Dipl.-Ing.
8 München 13
Willi-Gebhardt-Ufer 32
Ruf 151015/16/17

1966

1968

1970

1972

Phasen der Entstehungsgeschichte

Dieter Olaf Klama, „Olümpia Mynchen", 1971

Die Hauptprobe für das Stadion fand schließlich am 26. Mai 1972 mit dem Fußballländerspiel Deutschland – Russland unter Flutlicht statt, das die Deutschen mit 4:1 gewannen. Nicht nur das Spiel, sondern das Stadion selbst wurde mit seinem leichten und lichten Dach zur Hauptattraktion und erzeugte eine geradezu euphorische Stimmung. Das erste Tor im Stadion schoss übrigens Gerd Müller!

Dass unsere Planungsarbeit ausschließlich mit den damals noch üblichen konventionellen Mitteln wie Lineal, Reißschiene, Stift und Zirkel, von Hand, also ohne jegliche Computerunterstützung, in einem Zeitraum von nur viereinhalb Jahren „geschafft" werden konnte, erscheint mir im Nachhinein immer noch als eines der Wunder, die mit der Entstehung des Olympiaparks und seiner Verwirklichung nicht nur mich bis heute staunen lassen.

Nachwort

Ab 1972 wurde das Olympiastadion zur Spielstätte beider Münchner Bundesligavereine und für Fußballländerspiele, vor allem 1974 mit Deutschland als Weltmeister. Ab 1995 wurden aus den beiden Fußballvereinen Stimmen lauter, welche einen Umbau des ursprünglich nach den Regeln von Leichtathletikveranstaltungen konzipierten Stadions in eine reine Fußballarena forderten, andernfalls sie mit einem Auszug aus dem Olympiastadion drohten.
Da die politisch Verantwortlichen des Freistaats und der Landeshauptstadt diesen Befürchtungen entgegenwirken wollten, wurde Günter Behnisch gebeten, planerische Überlegungen anzustellen, welche den Forderungen des Profifußballs nach Möglichkeit entsprechen sollten. Hierzu gehörten vor allem näheres Heranrücken der Zuschauer an das Spielfeld und eine Vollüberdachung möglichst aller Zuschauerränge. Das hätte die Aufgabe der Leichtathletiklaufbahn bedeutet, ein Tieferlegen des Spielfeldes und eine Überdachung der bisher freien Kurvenbereiche und der Gegentribüne. Obwohl Behnisch immer postulierte, dass er mit seinem Büro nur unter der Voraussetzung in eine Umplanung einsteigen wolle, sofern die politische Seite und die Anhänger der Vereine dies forderten, musste er dem Druck beider Seiten stattgeben.

Inzwischen hatten sich in der Münchner Bürger- und Architektenschaft Initiativen zum Schutz des Olympiastadions gegen die beabsichtigten Umbaupläne gebildet, welche die Planungen von Behnisch und seine Rolle nicht nur als Dulder eines Umbaus infrage stellten und ein Bürgerbegehren auf den Weg brachten.
Nachdem einerseits die Vereine mit immer neuen Alternativstandorten für eine fußballgerechte Spielstätte aufwarteten, andererseits die politisch Verantwortlichen auf einen Umbau des Olympiastadions setzten, kam es schließlich zu einem „Konsens-Modell", welchem beide Seiten zustimmen konnten.
Dieses Modell sollte in der denkwürdigen Stadtratssitzung am 6. Dezember 2000 abgesegnet und zur Realisierung freigegeben werden.
In dieser Sitzung wurde aus architektonischer und bautechnischer Sicht der Sinn und die Machbarkeit dieses Umplanungsvorschlags derart in Frage gestellt, dass der Vertreter der Umbau-Architekten diesen Argumenten beipflichten musste und mit Rücksicht auf den anstehenden Bürgerentscheid um einen Planungsstopp bat. Der Stadtrat verzichtete daraufhin auf die Durchführung dieses Vorhabens und beschloß letztendlich den Neubau einer neuen Fußballarena am Standort Fröttmaning.
Damit war auch – nachdem der erste Kampf um die Frage der Baubarkeit des „Zeltdachs" zu dessen Gunsten ausging – der zweite um den Erhalt des Stadionoriginals dank dem Willen der Münchner Bürger gewonnen.

Nachdem der Stadtrat der Landeshauptstadt in seiner Sitzung vom 29. November 2017 sich nicht nur zum Erhalt des olympischen Erbes bekannt, sondern auch den Weg frei gemacht hat, für dieses wohl einmalige Gesamtkunstwerk den Titel eines Weltkulturerbes zu beantragen, bestätigte er damit auch den emotionalen Stellenwert, den der Olympiapark im Bewusstsein nicht nur der Münchner Bürger bis heute einnimmt.

Dass der Park mit seinen Sportstätten und dem inzwischen ikonenhaften Zeltdach in 50 Jahren zu einer Landmarke innerhalb des Münchner Stadtbildes und noch vielmehr Zeugnis eines weltoffenen Geistes einer damals noch jungen westdeutschen Demokratie geworden ist, macht mich zugleich glücklich und bescheiden.

Wenn man heute jemanden fragt, was sie oder er von den Bauten für die Olympischen Spiele in München kennt, hört man mit Sicherheit: das Zeltdach. „Das architektonische Wahrzeichen der Spiele, das größte, das schönste Dach der Welt", so und ähnlich lauten die Kommentare, die das Bild des Olympiaparks bestimmen.
Man spricht über imposante Details, wie viele Quadratmeter Plexiglas, wie viele Meter Stahlseile und wie viele Tonnen Schrauben verwendet wurden und natürlich auch, was das Ganze gekostet haben soll.
Aber man versteht den Sinn des Dachs erst, wenn man es, anstatt es isoliert zu betrachten, in den ihm zugedachten Zusammenhang bringt, wenn man seine Entsprechung zur olympischen Landschaft erfährt, wenn man begreift, dass es Teil eines Ganzen ist, welches alle Erlebnisdimensionen, geistige wie sinnliche, anspricht und seit 50 Jahren im Bild der Stadt und im Bewusstsein ihrer Bürger fest verankert ist.

Prof. Fritz Auer

Anlagen

Erläuterungen und Kommentare von Planungsbeteiligten und ausführenden Firmen

Das Olympiadach in München:
Wie war das damals? Was hat es gebracht?

Jörg Schlaich, 1992

Zunächst natürlich und vor allem hat das Olympiadach in München gute Architektur gebracht, den Beweis, daß man auch heute noch mit in die Landschaft hinein Gebautem und Konstruiertem eine Umgebung schaffen kann, in die Menschen gerne gehen. In einer durch eine gewisse Technikfeindlichkeit gekennzeichneten, aber gleichzeitig existentiell von der Technik abhängigen Zeit ist es besonders bedeutsam, daß dies mit den modernsten, weitgehend eigens dafür entwickelten Mitteln der Technik gelang. Dabei mag, so paradox das klingt, gerade die Tatsache, daß vieles daran alles andere als perfekt ist, zur Akzeptanz beigetragen haben, so wie die kleinen Unschärfen der vielen Sänger eines Chores dessen Schmelz ausmachen, während eine Addition perfekter Einzelstimmen steril bliebe. Könnte dies gar ein Merkmal der Architektur Behnischs sein?

Wenn Architekten – in Umkehrung dessen, was sie im letzten und vorletzten Jahrhundert mit den Konstruktionen der Ingenieure taten – heute selbst Konstruktionen zu entwerfen versuchen, um sie unter der Bezeichnung „High-Tech-Architektur" zur Schau zu stellen, statt sich primär der sozialen und ökologischen Herausforderung ihres Berufes zu stellen, dann muß daran erinnert werden, daß dies beim Entwurf für die Olympischen Sportstätten in München und insbesondere bei deren Dach ganz anders lief. Der Wettbewerbsentwurf für das Dach von Behnisch & Partner mit Jürgen Joedicke und Heinz Isler war natürlich blanke Illusion, aber damit haargenau das, was Architekten bei Bauten mit dominanten Tragwerken in die Zusammenarbeit mit Ingenieuren einbringen sollten, nicht weniger, aber auch nicht mehr: eine präzise Beschreibung ihrer gestalterischen Absichten, das angestrebte Ambiente, die Raumwirkung, kurz die Vorgabe, aber nicht gleich die Lösung selbst. Wenn Architekten Tragwerke selbst entwerfen, brauchen sie nur noch Statiker, aber keine Ingenieure. Dann kommt es nicht zum kreativen Dialog über alternative Entwürfe und erst recht nicht zu einer innovativen Lösung. Das beim Olympiadach vorbildlich geübte Rollenverständnis von Architekt und Ingenieur ist aus meiner heutigen Sicht die Erklärung dafür, daß das Dach in der kurzen Zeit einigermaßen gelang und Behnisch Jahre später dazu schreiben konnte: „Die Überdachung der Sportstätten ist in vielem so geworden, wie wir alle sie uns vorstellten: transparent, überraschend, innovativ, ungewöhnlich." Dieses gerade vom architektonischen Projektleiter für das Dach, Fritz Auer, stets benutzte „Ich könnte mir vorstellen ..." statt „Ich will das so ..." steht auch dafür, daß wir uns in einer doch recht feindlichen Umgebung zurechtfanden, und daß der harte Kern des Dachteams heute noch in unterschiedlichen Konstellationen zusammenarbeitet: Fritz Auer, Winfried Büxel, Erhard Tränkner, Karlheinz Weber aus Behnischs Gruppe mit Rudolf Bergermann, Knut Gabriel, Karl Kleinhanß, Günter Mayr, Ulrich Otto von uns. Umgekehrt ist die erwähnte feindliche Umgebung und wohl auch manch herbe menschliche Enttäuschung innerhalb der Planungsgruppe darauf zurückzuführen, daß viele gerade das damals überhaupt nicht verstanden und den Wettbewerbsentwurf wörtlich nahmen, um dann dagegen zu polemisieren, und uns so, zusätzlich zu allen technischen und terminlichen Strapazen – die sich inzwischen natürlich zu Pioniertaten verklären –, das Leben schwerzumachen.

Obwohl sich das Preisgericht am 13. Oktober 1967 einerseits klar für außerstande erklärt hatte, die vorgeschlagene Dachlösung zu bewerten und das Expo-Zeltdach von Montreal in technischer und konstruktiver Hinsicht als Vorbild verwarf und andererseits feststellte, daß anstelle der Zeltdachkonstruktion andere Dachkonstruktionen im gegebenen Fall verwendet werden können, ohne daß die für die Urteilsfindung maßgebenden Qualitäten dieser Arbeit verlorengehen, obwohl also sogar das Preisgericht klar erkannt hatte, daß hier nur eine Idee präsentiert wurde, aber (entgegen den Ausschreibungsbedingungen des Wettbewerbs) noch keine baubare Lösung, gab es bereits ab November 1967 gute Ratschläge prominenter ausländischer Ingenieure und Warnungen deutscher Professoren gegen dieses Dach. Diese öffentlich, teilweise recht polemisch geführte und mit viel Lokalkolorit angereicherte Diskussion über die „Baubarkeil der Zeltdächer" verstummte erst nach Fertigstellung des Daches, das wider Erwarten doch gelang und heute, nach über zwanzig Jahren, keinerlei grundlegende Mängel zeigt.

Wegen einer Empfehlung des Aufsichtsrates der Olympia-Baugesellschaft an den 1. Preisträger, die vom 3. Preisträger des Architektenwettbewerbs, den Architekten Heinle und Wischer, Stuttgart, mit dem Ingenieurbüro Leonhardt und Andrä (zuständiger Partner Kuno Boll, Projektbearbeiter Jörg Schlaich), erbrachten Überdachungsvorschläge in die Untersuchungen mit einzubeziehen, kam es noch Ende 1967 zu einem Gespräch zwischen beiden Gruppen im Büro Heinle Wischer + Partner in der Schottstraße 110 in Stuttgart (dessen genaues Datum ich, weil ich kein Tagebuch führe, nicht mehr nachvollziehen kann, obwohl es für mich in beruflicher Hinsicht „historisch" wurde).[1]

Weil sich dabei keine Verständigungschance über eine Zusammenarbeit der beiden Architekturbüros abzeichnete, schlug Heinle in Anerkennung der Qualität von Behnischs Dachentwurf und „wegen der nationalen Verpflichtung Olympia" ein Überwechseln „seiner" Ingenieure zu Behnisch & Partner vor. (Ich kam mir dabei als recht schäbiger Überläufer vor, beugte mich dann aber dem Drängen und der besseren Einsicht des hochgeschätzten Erwin Heinle, der dann, mit Kuno Boll als Ingenieur, mit der Planung des Olympischen Dorfes beauftragt wurde.) Nachdem Günter Behnisch noch die Professoren Kupfer und Gattnar von der TU München dazugeholt hatte, fingen wir zunächst in seinem Büro in Kemnat, später in einer Villa in der Destouchesstraße in München an, ernsthaft Lösungen zu suchen. Es ginge viel zu weit, hier all das zu repetieren, was damals ausprobiert wurde: Seilnetze radial, auf Bögen, aus Holz mit Schalenwirkung, aus Trapezblech und vieles mehr, sortiert unter den beiden Begriffen „Punktgestützte Dächer" – das waren die vom 1. Preis abgeleiteten Gesamt-

[1] Der Termin war am 11. März 1968.

überdachungen, die Behnischs Gruppe natürlich nach vorne bringen wollte – und „Randgestützte Dächer" – das waren die vom 3. Preis hergeleiteten, aber auf das Gesamtkonzept des 1. Preises übertragenen Einzelüberdachungen des Stadions, der Sporthalle und der Schwimmhalle, mit denen wir natürlich zunächst besser zurechtkamen. So kam es, daß der Olympia-Baugesellschaft Ende Februar 1968 eine „punktgestützte" Lösung, die sich vom Wettbewerbsentwurf nur durch ein paar zusätzliche Stützen (Streichhölzer unter dem „Damenstrumpf") unterschied und nach wie vor überhaupt nicht baubar war, und zahlreiche Lösungen mit „randgestützten Einzeldächern", deren Baubarkeit zwar bereits nachvollziehbar war, die aber im Gesamtmodell dem Wettbewerbsentwurf gar nicht standhalten konnten, vorlagen. Immerhin genügte dies dem Aufsichtsrat der Olympia-Baugesellschaft am 1. März 1968, sich nun bezüglich des Südbereichs des Olympiageländes, also der Sportstätten, endgültig für den mit dem 1. Preis ausgezeichneten Entwurf zu entscheiden. Die Entscheidung über das Dach blieb weiter offen. Bis Ende Mai sollte für beide Dachlösungen, die punkt- und die randgestützte, der Nachweis der Baubarkeit erbracht werden. Um diese Zeit hatte sich Frei Otto, Berlin, entschlossen, Behnischs Einladung zur Mitarbeit anzunehmen, und auch Fritz Leonhardt, seit Mai 1967 Rektor der Universität Stuttgart, fand zum Dachteam seines Büros, um Kuno Boll als Partner abzulösen. In München und in Berlin wurden nun zahllose Entwürfe für die punktgestützten Dächer entwickelt. Glücklicherweise hatte Frei Otto sich damals gerade mit einer Stadionüberdachung für Gelsenkirchen beschäftigt und dafür eine Lösung gefunden, die sich auch für München eignete. Er schlug vor, das halbringförmige Stadiondach aus mehreren radial angeordneten sattelförmigen Netzen zusammenzusetzen. Die Netze reichten aber nicht bis zu den Mastspitzen, sondern waren von hinter der Tribüne in regelmäßigen Abständen stehenden Masten abgehängt und gegen ein Randseil über dem Spielfeld verspannt, sehr ähnlich dem, was dann auch gebaut wurde. Als sich das Planungsteam in München in Kürze mit Hilfe einfacher Modelle davon überzeugt hatte, daß sich diese Lösung sinngemäß auch auf die anderen Dachteile besonders gestalterisch vertrug mit frei geformten, zwischen Masten, Tief- und Hochpunkten sowie Randseilen verspannten Seilnetzflächen für die Schwimmhalle und die Zwischenteile, und damit Günter Behnisch und seine für das Dach zuständigen Partner Fritz Auer, Erhard Tränker und Winfried Büxel einsehen mußten, daß eine bessere formale Annäherung an ihren natürlich ungleich schöner fließenden Wettbewerbsentwurf nicht erreichbar ist, schlug man der Olympia-Baugesellschaft (OBG) diesen „punktgestützten" Entwurf zur Ausführung vor. Diese bot in Eile eine große internationale Kommission bekannter Ingenieure auf, der wir Ende Mai 1968 tagelang Rede und Antwort stehen mußten. Bezüglich des auch mit viel Einsatz weiterbetriebenen und bis ins konstruktive Detail fortgeschrittenen Entwurfs mit „randgestützten" Dächern verlief diese Diskussion befriedigend. Vom „punktgestützten" Entwurf gab es aber erst Rohmodelle und Übersichtsskizzen, so daß wir dazu nur einen Bruchteil der Fragen der Kommission nach der konstruktiven Durchbildung einschließlich der Eindeckung, den Verformungen unter Schnee, den Schwingungen im Wind, der Montage, den Bauzeiten und so weiter beantworten konnten. Insbesondere die Einschätzung der aerodynamischen Stabilität eines solchen Daches war natürlich reine Temperamentsache. Wir spürten

zwar schon damals, daß sich solche komplexen Strukturen nicht zu harmonischen Schwingungen anregen lassen, was wir später auch an einem einfachen Probedach nachweisen konnten und bis heute vom gebauten Dach bestätigt bekamen, konnten das damals aber überhaupt noch nicht beweisen. Wohl weil kurz darauf auch das Architekten-Preisgericht nochmals einberufen werden sollte und schon klar war, daß dieses sich gerne für die „punktgestützte“ Lösung aussprechen würde, dafür aber das positive Votum der Ingenieur-Kommission bräuchte, zog sich diese mit der nebulösen Auflage, daß das „punktgestützte“ Dach „schalenartig versteift“ werden solle, aus der Affäre. Hinter dieser tatsächlich unsinnigen, weil der charakteristischen Geometrie und dem Tragverhalten vorgespannter Seilnetze offensichtlich zuwiderlaufenden Auflage steckte auch der wiederholte Versuch, „bayerisches Holz“ an das Dach zu bringen.
Auf jeden Fall beschloß der Aufsichtsrat der OBG mit diesem Votum am 21. Juni 1968, „daß von den zwei Dachalternativen das „punktgestützte“, vorgespannte Hängedach mit schalenartig wirkender Holzkonstruktion in der von Professor Behnisch vorgelegten Form der weiteren Planung und Ausführung zugrunde gelegt wird.“ Gleichzeitig wurde die Bearbeitung der „randgestützten“ Dächer abgebrochen. Die Preisrichter stellten „mit Befriedigung fest, daß die Ausarbeitung der Alternativen sich keineswegs als eine überflüssige Vorsichtsmaßnahme erwiesen hat, sondern eine klare und ausgereifte Entscheidung ermöglicht hat“.
Sicher hat sich die Arbeit an diesen randgestützten Alternativen allein deshalb ausgezahlt, weil das Ergebnis dem Bauherrn zeigte, daß es Günter Behnisch in kurzer Zeit verstanden hatte, aus seinen Architekten und uns Ingenieuren eine effizient und freundschaftlich zusammenarbeitende Mannschaft zu bilden, und daß die Ingenieure ihr Handwerk verstanden und leistungsfähig waren, was ihm einen Vertrauensvorschuß für die Weiterbearbeitung des Daches verschaffte.
In der Tat freuten wir uns damals über den „Sieg“ und auf die weitere Arbeit, wohl wissend, daß wir den mit der „schalenartigen Versteifung“ ausgestellten Wechsel noch einzulösen hatten und daß wir dabei, weil es ein falscher Weg war, wenn es schiefginge, in jedem Falle die Verlierer wären. Deshalb durfte es nicht schiefgehen! Dabei half ungeheuer – das darf jetzt mal gesagt werden –, daß Behnisch mir damals sagte, daß er es uns zutraue, und wenn nicht uns, dann niemandem.
Ab diesem OBG-Beschluß war endlich eine zielstrebige und konzentrierte Arbeit möglich. Die öffentlich betriebene Einmischung hörte, zumindest für ein Jahr, bis zur Vergabe der Bauarbeiten auf; die Architekten und Ingenieure bekamen Verträge und konnten so ihre Teams aufbauen; es gab Geld für Werkstoff-, Bauteil- und Modellversuche, was dringend nötig war und was wir auch weidlich nützten. Die endgültige Planungsgruppe für das Dach, ihre Gemeinsamkeit demonstrativ verkündend als: 'Architekten und Ingenieure Behnisch & Partner mit Jürgen Joedicke, Frei Otto, Leonhardt und Andrä kam dann dadurch zustande, daß H. Isler den Auftrag zur Planung der Stadionunterbauten übernahm und H. Kupfer mit R. Schuller zum (außerordentlich konstruktiven und mutigen) Prüfingenieur für das Dach berufen wurde. Nachdem die Gruppe den endgültigen Entwurf in wenigen Monaten gemeinsam entwickelt und in Form von Tüllmodellen festgehalten hatte, übernahm das Institut für leichte Flächentragwerke der Universität Stuttgart unter Frei Otto den Bau des Meßmodells, zunächst für

das Stadiondach. Meßmodelle waren damals noch der Weg zum genauen Zuschnitt, also den Längen aller Seile und der Geometrie der Knoten. Zur photogrammetrischen Aufnahme der Meßmodelle und zur Fertigung der unzähligen Zuschnittpläne wurde später Professor Klaus Linkwitz vom Institut für angewandte Geodäsie der Universität Stuttgart hinzugezogen, der seinerseits in der Hauptkampfzeit eine Kompanie Soldaten aus der benachbarten Kaserne zur Mitarbeit verpflichtete.

Die Ingenieurgruppe mit Rudolf Bergermann, zuständig für das Stadiondach, Knut Gabriel für das Sporthallendach, Ulrich Otto für das Schwimmhallendach und Karl Kleinhanß für die Zwischendächer, formierte sich ab dem 1. Juli 1968 und wuchs auf maximal 18 Ingenieure und Konstrukteure, von denen ich unter Leonhardt mit 33 Jahren der älteste war. Zuständig für die statisch konstruktive Gesamtplanung von der Gründung beziehungsweise Anbindung an die Unterbauten bis zur Eindeckung, einschließlich der Fertigungsplanung und mit dem Endtermin, der Olympiade im August 1972, vor Augen, erkannten wir, daß die Meßmodelle zu ungenau und nicht mehr zeitgemäß waren. So begann unser Marc Biguenet im Sommer 1968 mit der Entwicklung rechnerischer Methoden zur Zuschnittsermittlung. Dadurch kam es zur Zusammenarbeit mit D. Scharpf und Th. Angelopoulos vom Institut für Statik und Dynamik der Luft- und Raumfahrtkonstruktionen (Prof. J. Argyris) von der Universität Stuttgart. Der Zuschnitt der Sporthalle wurde (erstmalig) berechnet. Bei den übrigen Dachteilen blieb es (zum letzten Mal) bei den Meßmodellen, was dank dem von Linkwitz entwickelten Fehlerausgleichsverfahren vertretbar war. Leider sträubte sich Frei Otto so sehr gegen diese Entwicklung, ebenso wie auch später bei der Konstruktion gegen jede Abweichung von seiner durch das Expo-Zeltdach von Montreal geprägten Vorstellung, daß er sich zunehmend und schließlich ganz dem aktuellen Geschehen entzog. Das Jahr von Sommer 1968 bis Sommer 1969 war hart, aber schön und fruchtbar; danach war im Prinzip alles klar. Innerhalb des engeren Planungsteams der Architekten und Ingenieure gab es nie Reibereien, nach außen, zum Beispiel gegenüber der recht wankelmütigen OBG oder der neu aufkommenden Netzplantechnik, bildeten wir eine Mauer. Aufregend wurde es noch einmal, als am 17. Juli 1969 nur zwei Firmenangebote eingingen, und das niedrigere mit 100 Millionen DM genau doppelt so hoch war wie die zuletzt von uns genannten 48 Millionen und fünfmal so hoch wie die ersten Schätzungen und selbst daran noch unzählige Vorbehalte geknüpft waren, so daß eigentlich von Angeboten gar nicht die Rede sein konnte. Trotzdem entschied sich der Aufsichtsrat der OBG am 18. August für den Bau, weil der neue OBG-Hauptgeschäftsführer Carl Mertz die Firmen angeblich um 20 Millionen DM herunterhandelte, sie in Wirklichkeit aber überhaupt nur dadurch zum Bau bewegen konnte, daß er eine Arbeitsgemeinschaft aus den beiden Bietern bildete und sie mit einem komfortablen Kostenerstattungsvertrag belohnte. Sehr hilfreich war, daß sich die Firmen unseren Freund Harald Egger, der früher bei Leonhardt und Andrä das Montreal-Zelt bearbeitet hatte, als Leiter ihres örtlichen Büros für die Werkstattpläne holten, und sehr beruhigend, daß sie schließlich mit Nikolaus Berg und Norbert Dörner zwei überaus erfahrene Montageleiter fanden.

Das Thema der, schalenartigen Versteifung haben wir im Laufe der Zeit einfach „vergessen" und keiner hat es gemerkt; dabei half die Forderung des Fernsehens nach einer transluzenten Dachhaut. Nachdem wir Ingenieure uns aus Zeitgründen an der

Planung der Fassade und abgehängten Decke von Sport- und Schwimmhalle nicht mehr beteiligen konnten, fiel die letzte wichtige uns betreffende Entscheidung, die für die Acrylglas-Eindeckung, am 7. Juli 1970, zwei Jahre nach dem eigentlichen Planungsbeginn. So war das damals aus der Sicht der Ingenieure. Was hat es nun in technischer Hinsicht gebracht?
Hier ist nicht der Platz, alles, was sich in diesen zwei Jahren abgespielt hat und entwickelt wurde, nachzuzeichnen. Das Ergebnis ist bekannt. Nur ein paar Entwicklungen, vor allem die mit Nachwirkungen, seien erwähnt: Bei der Wahl der Seile und konstruktiven Durchbildung aller Details wurde systematisch ein Baukastenprinzip, also ein Aufbau aus möglichst vielen gleichen, sich wiederholenden Einzelteilen angestrebt. Dahinter stand sowohl der Wunsch nach gestalterischer Klarheit und Ruhe durch ein konstruktives Ordnungsprinzip als auch nach Rationalisierung durch die Serie.
Das gelang vor allem durch die Entscheidung, die Rand-, Grat- und Kehlseile der Netze aus einem immer gleichen, verschlossenen Seil mit 80 Millimeter Durchmesser zu addieren, also je nach Bedarf ein, zwei, drei … dieser Seile hintereinander zu koppeln. Dadurch konnten alle Klemmen, Umlenknuten in den Gußsätteln und Seilköpfe standardisiert werden. Ähnlich wurde mit dem großen Randseil des Stadions verfahren (es besteht aus zehn Litzenbündeln) und letztlich auch mit den Litzenbündeln für die Abspannseile, deren Litzenzahl dem Bedarf angepaßt ist.
Viel wurde damals öffentlich über die zu erwartende kurze Lebensdauer geunkt. Tatsächlich sind jetzt, nach über zwanzig Jahren, praktisch noch keine Korrosionsschäden zu finden, weil bei der Auswahl der Seile und der Durchbildung aller Details größter Wert auf einen sehr guten Korrosionsschutz gelegt wurde. Dazu wurden sehr viele Versuche, besonders auch Dauerschwingversuche, durchgeführt, weil diese bestens geeignet sind, jedwede konstruktive Schwachstelle aufzudecken.
Die Maschenweite des zweischarigen Seilnetzes ist die wichtigste Maßzahl eines solchen Tragwerks. Abzuwägen ist dabei unter anderem, daß sie möglichst groß sein soll, um die Zahl der Klemmen und Knoten zu minimieren, aber klein genug, daß das Netz direkt begehbar ist, um eine gerüstfreie Montage des Netzes und der Eindeckung zu ermöglichen. Deshalb wurde ein konstanter Netzknotenabstand von 75 cm gewählt, um so auch für die zeitlich erst viel später klärbare Frage der Befestigung der Dacheindeckung noch genügend konstruktive Möglichkeiten offenzulassen.
Das Ziel eines möglichst kontrollierten Dehnverhaltens, einer geringen Anfälligkeit gegen Korrosion (Berater Prof. G. Rehm) und Empfindlichkeit gegen die Querpressung an Klemmen, Umlenkungen und Verankerungen sowie Knicken bei der Montage führte zur Wahl von 19 dickdrähtigen Litzen für die Netzseile. Die sehr unterschiedlichen Maschenwinkel im eingebauten Zustand machten frei drehbare Knoten erforderlich, weil die bis dahin bekannten starren Knoten zu Verzerrungen und Längenfehlern führen, die den Zuschnitt unvertretbar verfälschen. Drehbare Klemmen gelingen nur mit einer Schraube im Drehpunkt, deshalb wurden Doppellitzen gewählt, die an den Knotenpunkten mit aufgepreßten Aluminiumklemmen mit zentrischem Loch verbunden sind. Der entscheidende Vorteil dieser Netzkonstruktion – womit wesentlich die Baubarkeit des Olympiadaches in der vorgegebenen Zeit sichergestellt wurde – ist, daß die Klemmen so mit äußerster Präzision bereits im Werk aufgepreßt werden

können und auf der Baustelle kein Maß zu nehmen ist! Für den Anschluß der Netzseile an die Randseile sind die zwei Litzen über Spannschlösser mit einer Endschlaufe gekoppelt, die über eine Rolle in der Randseilklemme umgelenkt wird. Alle diese Netz- und Randseilklemmen wurden in langen Versuchsreihen an der Universität Stuttgart, besonders bei Prof. Hugo Müller, optimiert. Bei späteren Dächern haben wir allerdings ganz auf den computerberechneten Zuschnitt vertraut und auf Spannschlösser verzichtet.
Besonders schwierig war die konstruktive Durchbildung der vielen, geometrisch völlig unterschiedlichen, aber gleichzeitig hinsichtlich der Seilführung mit größter Genauigkeit herzustellenden Umlenksättel mit Seilnuten und Verankerungsknoten für die Randseile und Abspannseile. Sie sitzen auf Stützen, tragen Luftstützen oder schweben frei im Raum und haben große Kräfte auszugleichen. Alle Versuche mit verschweißten Stahlblechen und aufgesetzten Halbrohren scheiterten an deren Ungenauigkeit und dem Zeitaufwand für die aufwendigen Konstruktionszeichnungen und die Herstellung. Ein gründliches Studium der Stahlgußtechnologie, insbesondere des Modellbaus, und lange Gespräche mit den Modellbauern brachten die Lösung: Es erwies sich als möglich, die Gußmodelle, statt wie bisher üblich aus Holz, ganz einfach aus Hartschaum zu schnitzen, so daß die Zeichnungen nur noch die Geometrie der Seilnuten und der Anschlüsse festhalten mußten und der Rest von Hand angeformt werden konnte. So rückten selbst komplizierte Einzelmodelle – und hier gab es fast nur Einzelstücke – wirtschaftlich und terminlich in greifbare Nähe. Teilweise und je nach Form des Gußstückes gingen wir sogar so weit, die Schaumstoffmodelle, nachdem sie in die Sandform gebettet waren, gar nicht mehr auszubauen, sondern sie beim Gießen durch den flüssigen Stahl auszubrennen. Das lohnt aber nur bei hinterschnittenen Formen (die so immerhin überhaupt möglich wurden!), weil die Schaumstoffreste an der Oberfläche des Gußstückes ein Nacharbeiten verlangen. Diese Weiterentwicklung der Stahlgußtechnologie war nicht nur die Rettung für das Olympiadach, sondern führte zu einer Renaissance des Stahlgusses im Bauwesen als wesentlichem Bestandteil der sogenannten High-Tech-Architektur, wie sich wörtlich am Centre Pompidou in Paris ablesen läßt. Dessen Gußteile tragen dasselbe Firmensignum PHB (Pohlig-Haeckel-Bleichert) wie die früheren Gußteile des Olympiadaches. Die Größe und Ausbildung dieser gegossenen Umlenksättel ergab sich vor allem aus dem erforderlichen Radius der Führungsnut, die eine formtreue Umlenkung der Seile gewährleisten mußte. Nach damaligen Normen hätte dieser Radius das vierzigfache des Seildurchmessers betragen müssen, was zu riesigen Sätteln geführt hätte. So haben wir ihn „einfach“ auf ein Viertel reduziert, also auf 10 0, natürlich nicht ohne vorher mit den französischen Seilherstellern über die Machart und den Aufbau des Seils lange nachzudenken. Aus Zeitgründen waren alle Gußteile längst gefertigt, bevor Probeseile geliefert und über Versuche gezeigt werden konnte, daß dieser enge Radius mit diesen speziellen Seilen ohne Abminderung der statischen und dynamischen Festigkeiten machbar war; nicht auszudenken, wenn diese Versuche schiefgegangen wären! (Heute und als Folge davon erlauben die deutschen Normen immerhin 20 0; tatsächlich sind auch 15 0 in der Regel problemlos, während die 10 0 des Olympiadaches besonders kunstvoll konfektionierte Seile verlangen; ein bißchen

Glück hatten wir schon!) Für die Abspannpunkte, in die einzelne Randseile im stumpfen Winkel einlaufen und durchlaufen, wurden recht kompakte Umlenksättel gefunden. Wenn mehrere Randseile im spitzen Winkel ankommen, wurden Wippen gewählt, um dort die Randseile gleichzeitig verankern zu können. Man sieht daran, daß manche dieser Gußteile doch recht grobschlächtig ausfielen, daß die Termine knapp und die Architekten anderweitig beschäftigt waren. Hingegen reichte die Zeit wenigstens, um die Seilverankerungen, Zylinder- und Gabelköpfe, die vorher schon aus Stahlguß hergestellt wurden, gegenüber den bis dahin üblichen Maßen zu reduzieren und zu optimieren. Wir nutzten, daß die Qualitäten des Stahlgusses damals schon die des normalen Walzstahles erreichten und er nicht mehr spröde und porös ist wie noch in der Frühzeit des Eisenbaus.
Weil in die Köpfe der großen Maste nur gerade Litzenbündel einlaufen, sind diese nicht aus Stahlguß, sondern aus Blechen mit bis zu 100 Millimeter (!) Dicke verschweißt. Die Zylinderköpfe stützen sich auf Querbarren zwischen diesen Blechen ab. Für die Entwicklung dieser Seilköpfe und ihre schweißtechnische Durchbildung (Beratung Prof. Pelikan) war die Zeit natürlich wieder sehr knapp. Trotzdem blieben die gefundenen Lösungen nicht ohne Nachwirkungen auf die Ausbildung der Pylonköpfe von Schrägseilbrücken. Schon hier halfen übrigens bei der Verfolgung des Kraftflusses, der Bemessung und zur Interpretation der spannungsoptischen Messungen (Prof. R. K. Müller) die später an der Universität Stuttgart vor allem für den Stahlbetonbau entwickelten Stabwerkmodelle.
Bei Seilnetzkonstruktionen müssen sehr große Zugkräfte an wenigen Punkten in den Baugrund eingeleitet werden. Eine sehr einfache, heute gebräuchliche Methode zur Verankerung hoher Zugkräfte mit Erdankern war damals nicht möglich, weil noch keine bautechnische Zulassung für diese Anker vorlag. Für die weniger wichtigen Verankerungen wurde diese Zulassung trotzdem mit Versuchen erwirkt und die Anker eingebaut, was dieser Entwicklung schnellen Vorschub leistete. Die Zugkräfte der Hauptseile mußten aber über sehr große Schwergewichts- oder Schlitzwandfundamente im Boden verankert werden. Hinzu kam, daß die Fundamente gebaut und damit die Lage, Richtung und Kraftgröße der Seilverankerungen festgelegt werden mußten, bevor die endgültige Geometrie und Kräfte aus den Seilnetzen feststanden. Diese Randbedingungen erschwerten die Entwurfsbearbeitung und die gesamte Abwicklung unermeßlich. Spätestens an dieser Stelle brach der damals ganz neue Ansatz, mit der Netzplantechnik die Termine zu steuern, zusammen. Mit unserem Versprechen, „so schnell wie möglich, aber nicht schneller" zu planen, konnte der Computer nichts anfangen. Durch die Forderung des Fernsehens nach einer weitgehend verschattungsfreien Überdachung des Stadions wurden die bis dahin erarbeiteten zahlreichen Alternativen wie PVC-beschichtetes Gewebe, freigespannt oder auf Holzverschalung, Holzwolleleichtbauplatten mit wasserfester Beschichtung oder Perlite-Beton mit aufgespritztem Kunststoff glücklicherweise hinfällig. Die endgültige Dacheindeckung wurde durch ein neuentwickeltes vorgerecktes Plexiglas mit günstigem Verhalten bei Brand möglich. Die dafür zugesetzten Eisenverbindungen führen aber heute unter Feuchtigkeit zu Abblätterungen, die die Platten blind machen, so daß sie jetzt sukzessive ausgewechselt werden müssen. Die Fugen zwischen den Platten, die ein auf-

gepreßtes schweres Neopreneprofil überbrückt, geben den Dächern die von weitem sichtbare Struktur, die leider die Feinstruktur des Netzes erschlägt.
Den zahlreichen vom Olympiadach ausgehenden Entwicklungen, die später für Dächer und Brücken noch nützlich waren – der Stahlguß, die dauerschwingfesten Verankerungen und Klemmen für Seile und Litzen, die enge Umlenkung verschlossener Seile, das dehnbare, hochpräzise, vorgefertigte Seilnetz, der erste große CAD-Einsatz, die Erdanker – seien noch die Dauerschwingversuche an kunststoffvergossenen Litzenbündelverankerungen hinzugefügt, die später im Schrägseilbrückenbau weite Verbreitung fanden. Aus der Zusammenarbeit der an der Ausführung beteiligten Büros und Institute entstand 1970 an der Universität Stuttgart der Sonderforschungsbereich 64, Weitgespannte Flächentragwerke, der Deutschen Forschungsgemeinschaft.
Hier wurden die beim Bau der olympischen Dächer gewonnenen Erkenntnisse aufgearbeitet und Formfindung, Tragverhalten, Berechnungsmethoden und Detailausbildung zugbeanspruchter Konstruktionen und die dafür erforderlichen hochfesten Werkstoffe für Seile, Bündel und Membranen weitergehend, als dies während der kurzen Planungszeit des Olympiadaches möglich war, erforscht.

Prof. Dr.-Ing. Jörg Schlaich
ehemals Leitender Ingenieur innerhalb der „Planungsgruppe Dach"

Erinnerungen von Murray Church

Bericht über den Vorgang am 28. Februar 1968 vor der entscheidenden Aufsichtratssitzung der OBG am 1. März 1968, August 2014

In Zusammenarbeit mit Jörg Schlaich (...) haben wir versucht, ein System für die Konstruktion von Leichtbeton-Hängedächern zu entwickeln (...).
Egon Eiermann hat in seiner Funktion als Vorsitzender der Wettbewerbsjury während dieser Zeit in persönlichen Gesprächen mehrmals uns gebeten, unsere Arbeit einzustellen. Es ging ihm dabei um das Ansehen der Jury und die Integrität des vom BDA geförderten Wettbewerbswesens. Wir sind jedoch von der Geschäftsleitung der OBG aufdringlich gebeten worden weiterzumachen. Erwin Heinle und ich sind am 28. Februar 1968 eingeladen worden, unsere Vorschläge beim Vorstand der OBG im Bayerischen Finanzministerium vorzutragen. Frühmorgens trafen wir ein und wurden dann in ein Besprechungszimmer geführt und mit Brötchen und Kaffee bedient (...).
Nach wenigen Minuten trafen Günter Behnisch, Jürgen Joedicke und Heinz Isler ein und ein riesiger Streit begann, bei dem Behnisch und Joedicke uns vorgeworfen haben seinen Entwurf zu unterminieren. Nach ungefähr drei Stunden Streit ist Günter Behnisch eingeladen worden, seinen Vortrag zu halten. Er kam nach einer Stunde zurück und der Streit setzte sich fort. Nach einer weiteren Stunde wurden wir eingeladen und gebeten, unseren Vortrag kurz zu halten (...).
Aus den Fragen, die uns gestellt wurden, wurde deutlich, dass eine große Skepsis gegenüber den technologischen Vorschlägen des Büros Behnisch bestand (...).
Wir warteten und setzten die Auseinandersetzung mit Behnisch fort, wobei gegen Spätnachmittag Behnisch eingelenkt hat. Die Gespräche sind dann sehr allgemein und freundlich geworden (...).
Das Ergebnis war, dass das Olympiagelände in zwei Teile gegliedert wurde. Das Büro Behnisch erhielt den Auftrag für den Teil südlich des Mittleren Rings mit Olympiastadion, Sporthalle und Schwimmhalle und wir den nördlichen Teil mit dem Olympiadorf, Rundfunk- und Fernsehzentrale und Sporthochschule der Universität München ...
Der Auftrag für die Hälfte aller Olympiabauten war also sicherlich eine Belohnung für unsere Vertiefung in das Problem der Stadionüberdachung.

Murray Church, Dip. Arch., R.I.B.A.,
ehemals Leiter des Olympiabüros von Heinle Wischer + Partner

Arbeit auf Ehrenwort – Fritz Leonhardt und die Münchner Olympiadächer

Klaus Linkwitz, anlässlich des 90. Geburtstags von Fritz Leonhardt in der Zeitschrift „Bautechnik" 76/1999

Ich hatte das Glück, in Fritz Leonhardt einen Förderer in turbulenter Zeit zu finden.
Der Entwurf und Bau der vorgespannten Seilnetzdächer über die olympischen Bauten München 1968–1972 („Olympiadächer München") hatten solche turbulenten Zeiten mit sich. In der frei gestalteten Landschaft der Sportstätten im Olympiapark – auf dem ehemaligen Militär- und Flugplatzgelände Oberwiesenfeld im Nordteil Münchens –, in dem nach dem Willen der Architekten Günter Behnisch + Partner die Gebäude eine innige Beziehung zur neu geschaffenen künstlichen Landschaft haben sollten, hatte die Anmutungsqualität der Dächer besondere Bedeutung. Sie sollten „leicht, heiter, schwebend" sein, den Gebäuden die Schwere nehmen und auch den Eindruck des Spielerischen vermitteln. Frei Otto, damals aus Berlin von Fritz Leonhardt nach Stuttgart „geholt", hatte die revolutionäre Idee großer zeltartiger Dächer – gebaut als vorgespannte Seilnetze – erstmals ins Spiel gebracht und sie in seinem Hochschulinstitut, dem „Institut für Leichte Flächentragwerke" (IL) und im Deutschen Pavillon Montreal 1967 verwirklicht. Der von Behnisch + Partner vorgelegte, preisgekrönte Entwurf sah vor, die Sportstätten zeltartig zu überdachen, und Behnisch hatte in seinem Büro dafür Modelle aus textilem Material gebaut. Den konservativen Kräften in der Olympia-Baugesellschaft und seiner politischen Umgebung erschien das jedoch als zu kühn und unerprobt. Viele Alternativen wurden erwogen, insbesondere dünne, schalenartige Gebilde aus Beton – da gab es reichlich Erfahrungen und angesehene Fürsprecher –, und auch aus Holz – hier würde man eher Neuland betreten haben.
Eine der Größe der Olympiadächer vergleichbare vorgespannte Seilnetzkonstruktion existierte damals auf der ganzen Welt noch nicht. Der Deutsche Expo-Pavillon 1967 in Montreal, von F. Otto und R. Gutbrod als Architekten und F. Leonhardt als Ingenieur geschaffen, war in der Größe gar nicht vergleichbar, und die bei ihm angewendeten Entwurfs- und Realisierungsmethoden ließen sich nicht ohne weiteres auf die viel größeren Olympiadächer übertragen.
Namhafte Fachleute hielten eine so große Seilnetzkonstruktion für gänzlich unbaubar und warnten entschieden davor, ein solches Experiment, das nur mit einer Katastrophe enden könnte, einzugehen.
In dieser kritischen Situation, die nicht beliebig verlängerbar war, da der Termin der Spiele feststand und die Eröffnung auf jeden Fall überdachte Sportbauten vorfinden sollte (dies nicht realisieren zu können war z. B. das Schicksal des Olympiastadions in Montreal bei den Spielen 1976!), mußte eine verbindliche Entscheidung getroffen werden. Sie kam von einem Mann: Fritz Leonhardt. Er erklärte rundheraus das Dach als Seilnetzkonstruktion für termingerecht und sicher baubar und exponierte sich damit beispiellos, denn nicht einmal die sonst geforderten baulichen Sicherheits-

berechnungen konnte man liefern; es gab einfach keine Vorläufer dafür. Es war sicher ein Glück, daß der damalige Bundesfinanzminister Dr. h. c. Franz Josef Strauß Vorsitzender des Aufsichtsrats der Olympia-Baugesellschaft (OBG) war. Er und Leonhardt standen sich an Entscheidungsfreude nichts nach. So fiel die Entscheidung im Juni 1968 zugunsten der Seilnetzdächer auf das Ehrenwort des Ingenieurs Leonhardt. Dieser hatte das Verhalten eines so ungewöhnlichen Tragwerkes aus der Erfahrung und Instinktsicherheit, die einem leidenschaftlichen, großen Ingenieur im Laufe seines Lebens zuwachsen, gewissermaßen im Blut und übernahm die Verantwortung für die Richtigkeit seiner Aussage.
Es spricht für den Mut des Vorstandes des Organisationskomitees, daß es die Brücke – die ihnen Leonhardt durch sein Wort gebaut hatte – zu dem nachfolgenden Beschluß überschritt, nachdem es noch sechs Tage vor dem Beschluß des Aufsichtsrates der OBG ernsthafte Zweifel geäußert hatte. Damit ging eine lange Zeit „des Widerstandes, der Rankünе und der Besserwisserei" zu Ende.
Nun mußten alle beteiligten Architekten und Ingenieure folgen, was mit Begeisterung geschah, denn die Herausforderung erschien uns ungeheuerlich. Es war gewissermaßen der Bauingenieurschuß zum Mond – der für die Astronauten noch gar nicht lange zurücklag. Aus dem Büro Leonhardt und Andrä wurde der damals noch junge Jörg Schlaich zum Projektleiter für die Münchner Dächer ernannt und erfuhr dadurch Fritz Leonhardts besondere Wertschätzung und Förderung. Ich selbst bekam – nach vorausgegangenen Arbeiten beim Deutschen Pavillon Montreal – von der Olympia-Baugesellschaft einen Ingenieurvertrag, in dem ich mich verpflichtete, den „Zuschnitt" für die Seilnetzdächer termingerecht herzustellen und zu liefern. Unter „Zuschnitt" eines Seilnetzes versteht man – dem „Zuschnitt" im Schneiderhandwerk absolut vergleichbar – die Ermittlung aller (vieler Tausende!) Maße, nach denen das Seilnetz aus Einzelseilen an den dafür vorgesehenen Stellen in den Kreuzungspunkten miteinander „verknotet" und bei seinem Zusammentreffen mit dem viel dickeren Randseil auch mit diesem verknüpft werden kann. Da das ganze Seilnetz fertig vorkonfektioniert auf die Baustelle kommt, müssen nach den Maßen des „Zuschnitts" in der Fabrik die einzelnen Seile richtig abgelängt – eben zugeschnitten – und miteinander verknüpft werden. Bei dieser Methode wird das gesamte Netz auf der Baustelle aus den abgelängt zugeschnittenen Seilen zusammengefügt, mit den dicken Randseilen verbunden und dann durch „einfaches" Hochziehen zu den Masten und Verankerungspunkten in seine endgültige räumliche Lage gebracht und gespannt. Dann muß es passen: Es darf nicht nur keine „Beulen" und „Falten" haben, sondern auch die Kräfte in jedem einzelnen Seilstück sollen genau so groß sein, wie sie vorher festgelegt wurden.
Bei vorausgegangenen Arbeiten hatte man zur Maßbestimmmung Modelle herangezogen, die elastisch und mechanisch ähnlich zu bauen in hoher Kunstfertigkeit möglich waren. Die Neuerung in München war zunächst nur, daß die Modelle nicht – wie bisher – mechanisch, sondern „photogrammetrisch" vermessen werden sollten, weil man sich erhoffte, die für die Vorkonfektionierung und Montage notwendigen Raumkoordinaten damit genauer zu bekommen.

Fritz Leonhardt war wohl bewußt, wie kritisch bei der Verwirklichung die genaue Bestimmung des Zuschnittes ist, und ihm war auch bewußt, daß bei einem fehlerhaften Zuschnitt kaum Korrekturmöglichkeiten auf der Baustelle bestehen. Schlimmer noch: Ein falscher Zuschnitt würde sich erst während der Montage, ja sogar noch später, nämlich erst in der Endphase der Montage, beim Aufprägen der Vorspannung zeigen, wo dann einige Seile überspannt („zum Zerreißen gespannt") und andere Seilstücke, zu schlaff gespannt, vielleicht nicht einmal das, sondern sackartig durchhängend, sein würden. Wo könnte man da korrigieren? Zwar waren Spannschlösser in den Seilendstücken vorgesehen: diese können aber nur Korrekturen im engsten, unmittelbar benachbarten Randbereich bewirken, keinesfalls im Inneren der Seilnetze.
So fragte mich denn auch F. L., ob ich den Zuschnitt – und zwar nach der vertraglich vorgesehenen Methode – für sicher herstellbar halte. Ich gab ihm mein Wort, daß dies möglich sei, und dies genügte ihm. Es genügte ihm sogar so weit, daß er dies auch gegenüber der Olympia-Baugesellschaft vertrat.
Es kam jedoch anders.
Zwischen Weihnachten und Neujahr 1969 besuchte ich das IL. Ich sah mir die Modelle sehr lange und sehr genau an und kam schließlich zu der Überzeugung, daß man aus ihnen unmöglich einen verläßlichen, den hohen Genauigkeitsanforderungen genügenden Zuschnitt würde herstellen können. Dies hatte verschiedene Gründe: Der Maßstab der Modelle – den man wegen der tatsächlichen Größe der Dächer notgedrungen hatte nehmen müssen – war zu klein, um die geforderte cm-Genauigkeit nach Umrechnung in die Wirklichkeit erreichen zu können. Die Modellnetze ließen sich an allen Knoten gar nicht genau genug fertigen, und die „Kreuzungspunkte" waren viel zu grob ausgebildet, um solche Genauigkeiten liefern zu können. Insbesondere die Verankerungs- und Abspannpunkte konnten nicht genau definiert werden. Schließlich, das hatten einige Probemessungen ergeben, hatten sich auch die Fertigungsrahmen unter der hohen Vorspannung der Modelle verzogen, so daß mit weiteren Verfälschungen der Modellmessungen zu rechnen war.
Bedrückt, quasi am Boden zerstört, verließ ich schließlich die Fertigungsstätte und sann nach Auswegen. Wen konnte ich hier ins Vertrauen ziehen? Und was hatte ich als Alternative anzubieten?
Allerdings hatte ich schon einige Monate vorher darüber nachgedacht, wie man das Seilnetz „berechnen" könnte, und war – aufgrund früherer Arbeiten über Netze – fest davon überzeugt, daß dies gehen müsse. Ich diskutierte meine Vorstellungen mit meinem Mitarbeiter H. J. Schek und wies meinen Mechanikermeister Mann an, das Modell eines Netzes mit nur vier inneren Maschen zu bauen, so daß sich das Verhalten eines solchen Gebildes an einem möglichst einfachen Vertreter studieren ließ. Die m. E. notwendigen Gleichungen waren schnell aufgestellt; allein sie führten zu keiner Lösung. Sie waren, wie man sagt, „singular", und dadurch wurde die Lösung unendlich vieldeutig. Dies stand aber in krassem Widerspruch zum im Modell beobachteten Verhalten. Danach existierte tatsächlich eine eindeutige Lösung, und sie war sogar sehr stabil. Also mußte in meinen Überlegungen noch ein grundsätzlicher Denkfehler liegen. Jeden Abend, wenn die Volesungen gehalten, das Tagesgeschäft erledigt und die meisten Mitarbeiter schon nach Hause gegangen waren, saßen H. J. Schek und ich

zusammen und brüteten über dem Problem. Mit starkem Kaffee und vielen Zigaretten versuchten wir unserem Gehirn zusätzliche Assoziationen zu entlocken und dem mathematisch mechanischen Geheimnis der vorgespannten Seilnetze auf die Spur zu kommen.
Unsere Ideen darüber skizzierten wir sofort in Formeln, und diese probierte Sch. dann sogleich am nächsten Tag am Großrechner aus, während ich als Ordinarius vom täglichen Geschäft verschlungen wurde. Abends sahen wir uns die Ergebnisse der Versuche an und brüteten weiter.
Schließlich kam die Erleuchtung. Ihre – sehr komplizierte – Grundidee hier zu beschreiben, würde zu weit führen. Noch am nächsten Vormittag probierten wir sie für das Beispiel unseres kleinen Modells aus, und siehe da, sie funktionierte! Nun wußte ich, daß ich auf dem richtigen Wege war und daß wir die prinzipielle Lösung hatten. Allerdings war die Übertragung von dem winzigen Netz mit nur wenigen Machen auf die vielmaschigen Netze der Olympiadächer noch ein zusätzliches weiteres, numerisches Problem, welches zu seiner Lösung noch einige Wochen brauchen würde.
Die neu gefundene Lösung war, im Verhältnis zur klassischen Statik, ein ganz neuer Ansatz, und ich veröffentlichte sie sofort im Ingenieur Archiv. Zusammen mit meinem Mitautor reichte ich den Beitrag im Februar 1970 ein und 1971 wurde er veröffentlicht.
Die Methode in meinen Vertrag mit der Olympia-Baugesellschaft aufzunehmen. sah ich damals nicht als Möglichkeit: Mein Vertrag sah sie nicht vor, sie war neu, unkonventionell im Ansatz und gänzlich unerprobt. Vermutlich hätte ich bei einem solchen Vorschlag nur ein bedauerndes, ablehnendes Achselzucken hervorgerufen.
Als ich an dem fatalen Abend nach Studium der Modelle niedergeschlagen nach Hause schlich, wurde mir klar, daß ich die Zuschnitte entweder nach der neuen Methode würde berechnen müssen oder sonst riskierte, nur eine zweifelhafte, fehlerhafte Lösung abliefern zu können, deren Unzulänglichkeit spätestens bei der Montage, wenn keinerlei Korrekturmöglichkeiten mehr blieben, offenbar würde. Dies würde mich Kopf und Kragen kosten; praktisch bliebe mir nur die Fahrkarte nach Südamerika.
So arbeitete ich parallel zum Ingenieurauftrag mit Hochdruck an der neuen rechnerischen Lösung, um sie möglicherweise als Notanker benutzen zu können. Der Tag meiner ersten Lieferung von Zuschnittsplänen kam, und ich gab die Ergebnisse unserer Messungen an die Ingenieure und Architekten weiter. Ihre Unzulänglichkeit war fast auf den ersten Blick zu erkennen. Ich erhielt Kaskaden dringlichster Telefonanrufe, und mir wurde bedeutet, daß in meinen abgelieferten Plänen mit Sicherheit Fehler seien und daß danach zu fertigen, ein kapitales Risiko bedeuten würde.
Die Olympia-Baugesellschaft beraumte unverzüglich eine Sondersitzung an. Es handelte sich um ein enormes Problem, und alle waren eingeladen: die leitenden Herren der Olympia-Baugesellschaft, die Architekten und die Ingenieure, darunter natürlich auch Leonhardt. Den Vorsitz führte Carl Mertz, Hauptgeschäftsführer der OBG und gleichzeitig Präsident der Bundesbaudirektion. Mertz kam schnell zur Sache und warf mir vor, meiner vertraglichen Aufgabe nicht gewachsen zu sein; daraus werde er unverzüglich alle notwendigen Konsequenzen ziehen. Ich sah mich einem großen, schweigenden Gremium gegenüber, in dem ich vermutlich der jüngste, sicherlich aber der Ingenieur mit der geringsten fachlichen Erfahrung auf dem Gebiet großer Seilnetz-

konstruktionen war. Nur Fritz Leonhardt blickte wohlwollend interessiert. Inzwischen sicher, daß die vertraglich vereinbarten Methoden zu keiner Lösung führen könnten, daß also der mit mir vereinbarte vertragliche Inhalt von niemandem in dieser Form erfüllt werden könnte, setzte ich innerlich in wenigen Augenblicken alles auf eine Karte, um mich meiner Haut zu wehren. Ich sah buchstäblich Rot und ließ meinem Wutausbruch freien Lauf. Dabei war mein Vorbild der Generalsekretär der sowjetischen kommunistischen Partei Nikita Chruschtschow, der in einer großen Versammlung am Rednerpult stehend den Schuh ausgezogen und damit auf den Tisch geschlagen hatte. Dieser Ausbruch ging damals durch die Weltpresse. Da ich Chruschtschow bei seinem Besuch in Kaschmir/Indien in Srinagar – als Ingenieur beim Bau des Jawaharwal Tunnels in Kaschmir – aus nächster Nähe kennen gelernt hatte, erschienen mir sein Bild und die Szene vorm inneren Auge. Ich schrie die höchsten Chargen der Olympia-Baugesellschaft völlig ungebremst an, und schlug zur Bekräftigung mit der Faust auf den Tisch. Ich sagte etwa, daß die vertragliche Lösung überhaupt keine Lösung sei, daß niemand diesen Vertrag erfüllen könne, daß man hier absolutes Neuland betreten habe, man somit nach einer neuen Lösung sinnen müsse und daß man kläglich Schiffbruch erleiden würde, sollte man mit den vertraglich vereinbarten Methoden weiterarbeiten, wer immer dies auch tue. Der technische Geschäftsführer der Olympia-Baugesellschaft, Johannes Galandi, setzte an, mit mir darüber – wie ich meinte, vollkommen fachlich unqualifiziert – zu diskutieren. Ich geriet erneut in Rage und schrie ihn an, daß er ganz fürchterlich auf den Hintern fallen würde, sollte er diese Methoden weiter verfolgen; er müsse auf jeden Fall grundsätzlich umdenken.

Der Vorsitzende gebrauchte keine zimperlichen Worte, mein, wie er sagte, ungezogenes Benehmen in die Schranken zu weisen, festzustellen, daß dies katastrophale Nachrichten seien, die Konsequenzen haben würden. Er sagte weiter, er werde die Sitzung jetzt abbrechen, und man werde sich in kleinen Kreisen – ohne mich! – zu Krisensitzungen treffen.

Leonhardt meldete sich zu Wort. Gespannt blickten ihn alle an. Er schlug vor, mich doch einmal ruhig anzuhören, was ich zu sagen habe. Jedermann im Raum konnte buchstäblich fühlen, daß er hinter mir stand und – bei aller Zurückhaltung gegenüber meinem ungestümen Auftreten – mir Gelegenheit verschaffen wollte, jetzt, und zwar sofort, meine Vorstellungen über mögliche Auswege vorzutragen. Sein uneingeschränktes, öffentliches Eintreten für mich, denn wir hatten bisher nicht über die Sache gesprochen, machte mir Mut, und ich gab einen knappen technischen Bericht über den Inhalt meines Vertrages und was er im Lichte neuerer Erkenntnisse darüber bedeute. Ich sagte weiter, daß ich eine Methode entwickelt habe, von der ich überzeugt sei, daß sie die Lösung des Problems wäre, auch wenn sie bisher noch niemals angewendet worden war und sie der bisher gültigen Lehrmeinung, daß solche Netze nicht berechenbar seien, widerspräche.

Leonhardts sichtliche mächtige Präsenz bewirkte, daß alle mir, zwar ungläubig, aber doch aufmerksam zuhörten. Ich beendete meinen Vortrag mit der Aufforderung, nach Stuttgart zu kommen, um sich dort unsere bisherigen Ergebnisse für das neue Verfahren anzusehen. Der Termin wurde auf der Stelle festgelegt, und es wurde weiter beschlossen, diese Reise der Spitze der Olympia-Baugesellschaft nach Stuttgart zu

einem allgemeinen „Inspektionsbesuch“ auch bei den Ingenieuren und dem IL zu machen. Nach knapp einer Woche rückten die Herren der Olympia-Baugesellschaft in Stuttgart an.
Sie besuchten zunächst das IL, in dem die Modelle gebaut wurden, über deren prinzipielle Unzulänglichkeit bei dieser Aufgabe ich so lauthals in München berichtet hatte. An Ort und Stelle konnten Möglichkeiten und Grenzen gemeinsam studiert werden. Dann wurde mein Institut in der Keplerstraße, welches wir vorübergehend räumlich zu einem Drittel in mein Ingenieurbüro umfunktioniert hatten, besucht. Nach dem winterlichen Besuch im IL und den dabei gewonnenen fatalen Erkenntnissen hatte ich die Mannschaft zur Vorbereitung einer rechnerischen Lösung verstärkt und diese, alles junge Männer mit über 180 cm Körperlänge, marschierten in mein ziemlich kleines Dienstzimmer, mit sich führend einige Computerplotterzeichnungen und Endlosausdrucke, gefüllt mit endlosen Zahlenkolonnen. Wir waren – schon rein physisch und verstärkt durch sehr viel bedrucktes großformatiges Papier – unübersehbar, und auch das verfehlte seine Wirkung nicht, da auch Präsident Mertz und sein Chefingenieur Galandi hochgewachsene Männer waren.
Ich stellte unsere Arbeiten minutiös vor. Die Stimmung wandelte sich von Skepsis zu Wohlwollen. Aber ein schwer ziehbarer, dicker Stachel blieb: Die Methode war völlig unbekannt, unkonventionell im fachlichen Sinne und ich, als Vertragspartner, war kein Statiker und auf diesem Gebiet gänzlich unausgewiesen, wie könnte man mir da einen Vertrag in einer Sache geben, die doch eigentlich gar nicht meine Sache sei?
Ich hatte vorher mit Leonhardt über die Lösung gesprochen und darüber, daß sie m. E. der einzige Ausweg sei, um zu einem zuverlässigen, genauen Zuschnitt zu kommen. Leonhardt fragte mich schließlich: „Können Sie dafür geradestehen?“
Ich bejahte dies, und F. L. sagte mir auf der Stelle, dann werde er auch hier hinter mir stehen.
So stand auch hier, gegen Ende des Besuchs in Stuttgart, der Beschluß, darüber die Meinung Leonhardts hören zu wollen, und er gab seine fachliche Bürgschaft für mich ohne Zögern auch hier der Olympia-Baugesellschaft. Nun waren auch Präsident Mertz und sein Technischer Geschäftsführer Galandi gewonnen. In Windeseile wurden neue Ingenieurverträge ausgearbeitet und mit mir abgeschlossen.
Da man aber auch jetzt – von Seiten der Olympia-Baugesellschaft – mit weiteren unvorhergesehenen Zwischenfällen rechnen mußte, führte Carl Mertz eine rigorose Arbeits und Zeitkontrolle ein: Jeden Morgen zwischen 7.30 und 8.00 rief er persönlich bei den Architekten und Ingenieuren an und ließ sich über den täglichen Fortschritt berichten. Eines Morgens konnte ich erst kurz nach acht im Büro sein. Meine Sekretärin forderte mich aufgeregt auf, sofort in München anzurufen, wo man mein Telefongespräch dringend erwarte. Präsident Mertz war gleich selbst da und raunzte mich an, warum ich unsere Verabredung nicht einhalte. Empört gab ich Widerworte, sagte wohl auch, daß ich wirklich meine Arbeit tue, aber nicht Sklave der Olympia-Baugesellschaft sei. Mertz beschwerte sich augenblicklich bei Leonhardt über „den ungebärdigen jungen Mann“, und Leonhardt war wenig später am Telefon bei mir. Wohlwollend väterlich ermahnte er mich, es auch verbal am notwendigen Respekt gegenüber Präsident Mertz nicht fehlen zu lassen und die eingegangenen Verpflichtungen ganz wörtlich zu

nehmen. Im übrigen aber habe er Mertz gesagt, daß ich meine Sache schon machen würde.
Die nächste Sitzung in München – Vorsitz Präsident Mertz – kam. Die Verträge standen kurz vor dem Abschluß. Die übliche Besprechung begann. Ich meldete mich schließlich zu Wort, und bekam es, mit der Bemerkung des Vorsitzenden „aber nur, wenn Sie sich hier anständig aufführen!" Als ich geendet hatte, sagte er: „Heute hat sich der Herr Linkwitz schon viel besser benommen." Fritz Leonhardt sah mich dabei an, und aus seinen Augen las ich, daß ich seines Vertrauens weiter sicher sein könne, aber auch, daß ich gewisse Mindestspielregeln im Umgang mit der Olympia-Baugesellschaft und besonders ihrem Präsidenten Mertz würde beachten müssen.
Ab Anfang 1970 begannen wir mit den Zuschnittsberechnungen für die neun Felder des Olympiastadions und der Einbindung der Felder in Abspannpunkte und das Randseil. Jede Nacht verbrachten wir vorm Bildschirm einer der damals größten Rechenanlagen, der CDC 6600 der Control Data Corporation, aufgestellt im Rechenzentrum der Universität. Dies war nötig, da wir auf einer kommerziellen Benutzernummer arbeiteten und der Rechnerbetrieb für die Hochschulinstitute nicht gestört werden sollte und durfte. Tagsüber wurden die für die Berechnungen notwendigen Lochkarten manuell gestanzt, um dann abends in großen Stapeln in den Schlünden des Computers zu verschwinden. Als Antwort bekamen wir nach einiger Zeit viele laufende Meter Endlospapier aus dem Drucker, eng beschrieben mit Zahlenkolonnen. Sie wurden augenblicklich durch Augenschein, nach Plausibilitätskriterien und anderen Gesichtspunkten kontrolliert, und weitere, häufig alternative Berechnungen konnten gestartet werden. Für die Korrekturen mußten vor Ort neue Lochkarten gestanzt werden. Die Koordinatenergebnisse der Berechnungen mußten für den Zuschnitt in Pläne umgesetzt werden. Diese hatte ich im Maßstab 1: 25 für Randseilbereiche aller Dächer zu liefern. Dazu gehörte auch die Sporthalle, deren Zuschnittskoordinaten (aufgrund der photogrammetrisch gemessenen „Näherungskoordinaten") von John H. Argyris nach klassischen Finite-Element-Methoden bestimmt wurden. Insgesamt waren das in der Größenordnung 1500 m^2 (!) Pläne. An eine Zeichnung von Hand – denn die Pläne mußten nach Koordinaten konstruiert werden – war gar nicht zu denken. Unter äußerstem Druck schrieben wir weitere Programme, welche die Ergebnisse unserer Berechnungen in Steuerdaten für einen großen, offline gesteuerten Zeichentisch umwandelten. Einen für unsere Arbeiten geeigneten automatischen Zeichentisch gab es aber nur in einem Ingenieurbüro in München.
Jeden Morgen nahm ein Mitarbeiter als Kurier in Form einiger tausend Lochkarten die Ergebnisse unserer nächtlichen Rechnerarbeiten, fuhr damit nach München und kehrte nach Stuttgart zurück mit den Zeichnungen der Ergebnisse des Vortages. Auch unser Steuerprogramm konnte nur Zug um Zug nach den jeweiligen Ergebnissen weiter verbessert werden, aber die automatisch gezeichneten Pläne konnten nicht unmittelbar als endgültige Zuschnittspläne weitergegeben werden.
Nach wenigen Wochen stauten sich daher bei uns Berge von aus München geholten Plänen, die manuell kontrolliert und dann fertiggestellt werden mußten. Eine vorausschauende Überschlagsrechnung belehrte uns, daß wir für einen Zeitraum von etwa zwei Monaten zusätzlich 20 bis 25 weitere Mitarbeiter benötigten, um diese Kont-

rollen und Überarbeitungen zu übernehmen, wenn wir unseren Lieferungsterminen gegenüber der Olympia-Baugesellschaft auch nur einigermaßen nachkommen wollten. An ein Verhandeln wegen Terminverschiebungen war gar nicht zu denken: Der Beginn der Fertigungstermine durch die Stahlbaufirmen stand eisern fest, und im Gefüge der mit der Nelzplantechnik erarbeiteten Zeit- und Terminplanungen fand ich mich unversehens auf dem kritischen Pfad. Begründungen wegen unvorhersehbarer Schwierigkeiten wurden vom Tisch gefegt und nicht einmal verhandelt.
In Briefen wandten wir uns an Ingenieurkollegen und baten um Leihpersonal. Wir schrieben Zeitungsannoncen, suchten in Anschlägen studentische Mitarbeiter, wandten uns ans Arbeitsamt. Das Ergebnis war mehr als kümmerlich, ganze vier bis fünf Mann erschienen. Damit ließ sich keine „Fertigungsstraße" für die unumgänglichen Nacharbeiten aufbauen.
Wir ließen unseren schriftlichen Wünschen nach personeller Verstärkung Besuche bei allen potentiellen Stellen folgen, alles ohne nennenswerte Erfolge.
Wo sind Menschen, die arbeiten könnten, aber nicht arbeiten? In unserer Not fielen uns Gefängnisse und Strafvollzug ein. Hier gab es genügend Insassen, die sicherlich willig und zuverlässig für uns gearbeitet hätten. Erste Kontaktaufnahmen mit den Vollzugsbehörden verliefen nicht vollständig ablehnend. Man verlangte jedoch nach einer Bestätigung höheren Ortes, damit diese „Entleihung" in großer Notlage an ein Privatbüro verantwortet werden könnte. Ich wandte mich an Fritz Leonhardt und erklärte ihm die Situation. Er sah schwarz, daß wir dafür die Unterstützung der Olympia-Baugesellschaft gewinnen könnten. In den Zeitungen würden Artikel erscheinen: „Diebe und Betrüger am Bau der Olympiadächer beteiligt", und das wäre sogar korrekt.
Wer sonst könnte helfen? Ich entsann mich der Zusammenarbeit mit der Bundeswehr bei früheren Feldübungen von Studierenden und nannte das Raketenbataillon Großengstingen, mit dem ein solcher Kontakt bestanden hatte. Das leuchtete ein. Noch auf der Stelle rief F. L. den Standortkommandeur Stuttgart an, und schon nach einem Tag konnten wir bei ihm vorstellig werden. Leonhardt erläuterte die Lage, erklärte, daß es sich bei den Bauten für die Olympischen Spiele um eine nationale, übergeordnete Sache handle und daß es der Bundeswehr wohl anstünde, hier unterstützend einzugreifen. Der General besann sich auf den Aufgabenkatalog der Streitkräfte und kam zum Schluß, daß formal zwar in zivilen Notständen, bei Flutkatastrophen usw. eingegriffen werden könnte, ein „Ingenieurnotstand" jedoch nicht vorgesehen sei. Ich konnte auf die vorausgegangenen gemeinsamen Übungen von Studenten und Soldaten verweisen, und schließlich wurde eine Formel gefunden, den Einsatz der Soldaten als „technische Übung unter erschwerten Bedingungen" zu erklären, die zu verantworten war und deren Verantwortung zu übernehmen auch der sofort am Telefon konsultierte Kommandeur in Großengstingen bereit war.
Schon wenige Tage später rückte eine Abordnung von etwa 40 Mann, geführt von einem Offizier, der durch zwei Unteroffiziere unterstützt wurde, an. Als Arbeitsräume konnten der Universität zur Verfügung stehende Baracken in der Seidenstraße kurzfristig angemietet werden. Nach wenigen Tagen hatten wir mit den Soldaten eine fließbandähnliche Fertigungsstraße für die Kontrolle und Fertigstellung der Pläne verwirklicht. Für jeden Zuschnittsplan gab es ein zweiseitiges Prüfprotokoll, in dem

jeder Plan nach mehr als 25 exakt formulierten Einzelkriterien kontrolliert wurde. Jeder Soldat am Fließband kontrollierte davon jeweils nur ein Kriterium und konnte sich so auf eine einfache Aufgabe konzentrieren, die er im Nu zu beherrschen lernte. Die nachzubessernden Pläne landeten auf Tischen und wurden dort von weiteren Soldaten bearbeitet. Die Sache funktionierte bald und machte dem Offizier, den Unteroffizieren und Soldaten und besonders uns großen Spaß.

Die Olympia-Baugesellschaft, anfangs äußerst skeptisch, konnte von Leonhardt überzeugt und gewonnen werden, denn auch die vertragliche Seite dieses Einsatzes mußte bedacht und gelöst werden: denn unentgeltlich konnte die Bundeswehr ihre Männer nicht abordnen. Überall fanden sich schließlich zufriedenstellende Lösungen. Wir waren noch einmal davongekommen. Bei Besuchen in der Fertigungsstraße der Baracke freute sich F. L. über die gelungene Lösung, und die Soldaten fühlten sich durch die anerkennenden und aufmunternden Worte von F. L. besonders gewürdigt.

Noch ein weiteres Mal mußte Leonhardt an entscheidender Stelle für mich eintreten. Unsere Neue Methode der Zuschnittsermittlung lieferte nicht nur die vorzufertigenden Seillängen, sondern auch die Zugkräfte in jedem Seilstück. Weitere Analyserechnungen zeigten, daß diese Kräfte u. a. wesentlich von der Verbindung der Netze mit den Randseilen, insbesondere aber auch von der richtigen Ablängung der Randseile selbst, abhängen. Hinzu kam, daß die Umsetzung der systemartigen Zuschnittspläne in Werkzeichnungen – durch die Stahlbaufirmen des Stahlbauers – wegen der großen Dimensionen der Seile und Beschläge anspruchsvoll und kritisch war. Nach dem Willen der Olympia-Baugesellschaft mußten alle Fehlerrisiken, deren Korrektur dann den Termin der Fertigstellung gefährden würden, unbedingt ausgeschlossen werden. Was würde geschehen, wenn die für die Dächer vorausbestimmten Kräfte nach der Montage nicht einträten und die Sicherheitsabnahme daran scheitern würde? Wo könnte man dann wirkungsvoll korrigieren und nachspannen? Nur an den Randseilen selbst! So wurde ernsthaft erwogen, sie ebenfalls mit – dann sehr großen und teuren – Spannschlössern zu versehen. Fritz Leonhardt stand auch im Mittelpunkt dieser Entscheidungen. Er neigte der Auffassung zu, diese Schlösser seien entbehrlich, wenn genau gerechnet, gezeichnet und gebaut würde. So fragte er mich, ob ich für unseren Teil für die Exaktheit der Berechnung der Randseillängen garantieren könne. Durch unsere weiteren Erfahrungen wieder sehr sicher geworden, bejahte ich das. „Das genügt mir" sagte er, vertrat es vor der Olympia-Baugesellschaft, und die Idee der Spannschlösser in den Randseilen wurde nicht weiter verfolgt.

Dankbar denke ich in diesen Reminiszenzen an die unerschütterliche Loyalität von Professor Leonhardt und die Förderung, die er jungen Kollegen angedeihen ließ, zurück und schreibe diese Zeilen stellvertretend auch für jene jungen Kollegen, die ähnliches durch ihn erfahren haben.

Prof. Dr.-Ing. Klaus Linkwitz
ehemals Direktor des Instituts für Geodäsie im Bauwesen an der Universität Stuttgart

finding form – frei otto

jens harzer spricht frei otto, 2015

An eines erinnere ich mich sehr deutlich: Wie viele Gedanken ich mir für die Münchner Olympiade gemacht habe. Nehmen wir als Beispiel das Dach des Stadions. Gott sei Dank ist es transparent. So sind die Schatten minimal. Doch das war schwer zu erreichen. Bis ich überhaupt erkannte, dass es keine harte Schattenlinie geben darf. Dass ein Leichtathlet, wenn er aus der Sonne in den schattigen Bereich hineinläuft, nicht stolpern darf. Dass er, der um die höchsten Weihen kämpft, nicht auch nur eine Tausendstelsekunde verlieren darf. Dass also da Übergangszonen sind durch kleine Schattendinge, dass also diese relativ einfache Schattengrenze ja nicht zu einem Zaun wird.

Während der Olympiade war ich nicht im Stadion. Ich brauchte Abstand. Doch ich muss gestehen – Ingrid weiß es – dass mich die ganze Geschichte dermaßen bewegte, dass wir mit der Familie geflohen sind. Die Kinder hatten Ferien – und das ist ja die einzige Möglichkeit, mit ihnen irgendwohin zu fahren. Wir waren irgendwo in den Bergen.

Ich brauchte Abstand auch zu jener Frage, die mit dem Schönen zusammenhängt. Genau genommen jenen Abstand der geistigen Einkehr, den man meinte, im Mittelalter im gebauten Paradies zu erlangen. Die Einkehr, die es ermöglicht zu erkennen, die es ermöglicht, dass man sich also nichts vormacht. Bei der Münchner Olympiade meinte ich, durch die vorgespannten Seilnetze eine neue Technik in die Baugeschichte eingeführt zu haben. Was da rein technisch, was da passiert ist, war ein gewaltiger Schritt, so gewaltig, dass ich Zeit brauchte, um das Eigentliche zu begreifen. Um genügend Abstand von der Materie zu erlangen. Von jener Materie, die ich gedanklich selbst erschaffen und untermauert hatte.

Als Ingenieur hatte ich den Fritz Leonhardt dabei, der ja auch vom Handwerk kommt, Tischler. Mit dem gab es keine grundsätzlichen Probleme. Wir haben uns verstanden. Er fühlte sich als Sicherheitspolizist. Das Schlimmste ist der Tod auf der Baustelle. In unserer Zeit rechnet man bei Baukosten von einer Milliarde mit einem Toten. Bei Baukosten von zwei Milliarden – Mark damals – noch schlimmer. Das sind diese Rechnungen, die man durchaus aufmachen muss. Gott sei Dank hatten wir einen obersten Bauherrn in Gestalt des Architekten Carl Mertz, dem das sehr nahe war. Der genau wusste, dass bei diesen großen Bausummen die Möglichkeit, dass irgendjemand am Bau einen Fehler macht, der zum Tod eines Mitarbeiters, eines Handwerkers, des Ingenieurs, selbst des Architekten führen könnte.

Leonhardt konnte einfach nicht begreifen, dass ich ein Freund der 50er-Maschenweite war, wo er doch meinte, dass die 75er- oder gar die 80er-Maschenweite wirtschaftlicher sei. Er sagte, es müsse doch möglich sein, einen Bau so zu gestalten, wie er vernünftig und wirtschaftlich ist. Das heißt, wenn eine 75er-Maschenweite wirtschaftlicher ist, dann muss ich sie doch als oberster Ingenieurbaumeister machen dürfen. Laut unseren Tests ging die Gefahr, dass uns ein Arbeiter durchfällt, bei der 50er-Maschenweite praktisch gegen Null. Wir haben das gesamte Münchner Dach 50 gemacht. Ich habe mich gegen Leonhardt durchgesetzt, ich musste sogar mit meinem Rücktritt drohen.[1]

Sei dir stets bewusst: Wenn es dir gelingt, dass kein Mensch zu Schaden kommt, dann ist es mehr, als du verdienst. In diesen seltsamen Tagen, als die Olympiade München eingeläutet wurde, beschäftigte mich das besonders.

Wir haben ja dann, viel, viel später, als der Bau schon mindestens ein Jahrzehnt stand, ein Todesopfer gehabt. Jemand ist über das Dach gelaufen. Er muss sich leider ungeschickt verhalten haben, denn eigentlich ging es gar nicht, durch die Maschen hindurch zu fallen. Wir hatten alles getan um das zu verhindern. Wir hatten Tests gemacht und nie ist jemand hindurch gefallen. Und dennoch hat es einen Toten gegeben. Die Korrosion der Dachhaut muss schon weit fortgeschritten gewesen sein.

Es war notwendig, dass wir eins zu eins Tests mit dem Material durchführten: Acrylglas. In zweierlei Form: eben und gekrümmt. Ich hab mich dann mit den ebenen Scheiben durchgesetzt, nicht nur weil sie viel billiger waren, sondern weil sie ihre Form hielten. Diese Entscheidung hab ich oft überschlafen.

Ich hab mich zwar ganz deutlich für das Acrylglas entschieden, aber für welche Art! Denn die größte Gefahr war, dass irgendein Handwerker mit einer Lötlampe an das Acrylglas herangeht und uns das Dach abbrennt. Wir hatten ja eine Warnung bekommen. In Montreal ist Fullers Pavillon abgebrannt. Ausgerechnet von Buckminster Fuller, einem echten, guten Freund. Wir haben die Fotos studiert, wie der abgebrannt ist: Was bewirkt jenes Chlor, was man dem Acryl zusetzt, damit es nicht brennt?

Es stellte sich heraus, dass nach sechs Jahren die Münchner Scheiben Abschieferungen zeigten. Dass sich Graustellen einführten, die oberflächlich waren. Dass diese Scheiben dann eine geringere Bruchfestigkeit hatten. Was dann auch zu jenem furchtbaren Unfall führte, als sie nach 20 Jahren endlich ausgewechselt wurden.

Es gab, wie man heute sagt, noch eine andere Baustelle. Das waren die Masten. Die sind 36 Meter lang. Na ja. Wir wissen es deshalb, weil wir sie aus verkehrstechnischen Gründen nicht länger machen konnten. Das Transportieren von solchen Produkten wird durch die Straßenverkehrsordnung begrenzt und da stehen 36 Meter drin.

Der Behnisch, der war natürlich zufrieden, dass er uns als Sicherheitspolizisten hatte. Ich glaube, er hat nie richtig begriffen, was ich für das Münchner Olympiastadion an rein Persönlichem beigetragen habe. Aber er war zufrieden, auch dass ich den Fritz Leonhardt als Ingenieur an der Leine hatte und dass zwischen meinem Team und dem Leonhard-Team immer gute Stimmung war. Da war der Behnisch zufrieden und hat das Ganze akzeptiert. Wie er als Künstler hinter dem Olympiadach steht, weiß ich nicht.

[1] Das Münchner Seilnetz hat tatsächlich eine Maschenweite von 75 x 75 cm.

Er hatte nicht so den Zugang zu meiner Welt. Sobald in irgendeiner Zeitung etwas darüber berichtet wurde und Behnisch nicht erwähnt wurde, war das schrecklich. Dann schrieb er Briefe an uns und an die Zeitung. Es war immer eine Katastrophe.
Aber dafür konnte ich nun auch nichts. Seine Mitarbeiter, Fritz Auer und insbesondere der Winfried Büxel, dienten ihm als Dolmetscher.
Das Olympiastadion schmiegt sich doch wie in ein Tal, in eine Mulde. Hätte ich am Wettbewerb teilgenommen, dann hätte ich fürs Stadion ein wandelbares Zeltdach vorgeschlagen, das nur da ist, wenn man es braucht. Das jetzige Dach ist zu aufwändig geworden, viel zu schwer. Die Sportstätten und das Olympische Dorf und die Schwimmstätten hätten ein statisches Dach bekommen. Dann wären die Menschen auf ihren Wegen vor Regen und Schnee geschützt.
Der Carlo Weber, der hat hinter dem Gedanken gestanden. Der hat mal zu Weihnachten eine Postkarte geschickt mit einer Zeichnung vom Olympiadach in den Anfängen. Ich nehme an, dass der auch mit der Ideengeber war für den Wettbewerb.
Ich hatte einen engen Freund und Mitarbeiter im Team, der mich verstand und der auf seine Art und Weise, insbesondere durch den derben Berliner Humor, die Mannschaft um Behnisch immer hinter sich brachte. Das war Ewald Bubner. Der hat wahnsinnig viel geleistet. Der hat immer wieder vermittelt, wenn es irgendwelche Differenzen gab, das konnte der wunderbar.
Jetzt sind wir aber in die Tiefen des Olympiaprojektes hineingekommen.
Die Zeitschrift ‚Häuser' hat einmal eine Umfrage über das schönste Bauwerk in Deutschland durchgeführt, und das wurde mit großen Längen Vorsprung das Münchner Bauwerk. Noch vor dem Kölner Dom. Für mich ein Lacherfolg, denn dies war natürlich nie beabsichtigt und auch nicht gewünscht. Doch die Leser haben einfach abgestimmt. Das ist ein Geschenk, über das man diskutieren kann.

frei otto. finding form: jens harzer spricht frei otto. 1925–2015 (Ausschnitt), CD 1, Nr. 10

Die Zusammenarbeit von Architekten und Ingenieuren beim Bauen für die Olympischen Spiele 1972

Paul Löwenhauser, in der Festschrift zum 75-jährigen Bestehen des Architekten- und Ingenieurverein e. V. (MAIV), 2008

Soll man nach 40 Jahren nochmals vom Werden der Olympiabauten in München sprechen, weil es der MAIV zu seinem Jubiläum wünscht? Inzwischen gibt es ja viele neue Methoden für Planung und Realisierung. Nach wie vor kommt es aber beim Bauen auf das gute Zusammenwirken von Architekten und Ingenieuren an. Also ist es doch ein aktuelles Thema für die in unserem Verein freundschaftlich verbundenen Bauleute. Dieser Beitrag zur Festschrift vermag nicht alle Leistungen zu würdigen; dafür müsste man ein Buch schreiben. Ich bitte alle meine Erinnerungen als Ausdruck der Dankbarkeit anzunehmen.
Die Nachricht von der Vergabe der Olympischen Spiele 1972 an die Stadt München löste ungeteilte Freude aus. Wir sollten „Gastgeber der Jugend der Welt" werden, trotz allem, was in deutschem Namen vor 1945 geschehen war. Daraus ergab sich auch für die Entwicklung Münchens eine große Chance. Die Stadt, die in Lärm und Abgasen zu ersticken drohte, wurde durch unterirdische U- und S-Bahn-Linien entlastet und durch die Fußgängerzone wieder erlebenswert gemacht. Zusammen mit den historischen Bauten, die zur Erhaltung des Wesens der Stadt vorher wiederhergestellt worden waren, wurde so aus dem bürgerlichen München das neue München, die „Weltstadt mit Herz".

Der Bauherr

Es dauerte danach noch drei Jahre, bis der olympische Bauherr in der Gesellschafterversammlung am 3. August 1967 „geboren" worden war. Die Bundesrepublik, das Land Bayern und die Stadt München waren bereit, die Baukosten je zu einem Drittel zu tragen, ausgenommen das Olympische Dorf, das von Bauträgern finanziert und gebaut werden sollte. Ohne mich beworben zu haben, wurde ich auf die Rolle des technischen Geschäftsführers der GmbH verpflichtet. Durch die Zusammenfassung der Kompetenzen von Bund, Land und Stadt in einer privatrechtlichen Gesellschaft konnten einheitliche Entscheidungen für alle Beteiligten systematisch und gleichzeitig getroffen werden.
Die Olympia-Baugesellschaft m. b. H. hatte als Bauherrin in der trockenen Sprache des Gesetzgebers die Aufgabe, „geeignete Architekten und Ingenieure für die Planung und geeignete Unternehmer für die Ausführung zu beauftragen". Es war ferner von Anfang an nötig, auch geeignete Rahmenbedingungen für das optimale Zusammenwirken aller Beteiligten zu schaffen. Es gab damals ja weder Handy noch E-Mail, geschweige denn die Möglichkeit, Pläne elektronisch zu übermitteln oder an unterschiedlichen Orten gleichzeitig daran zu arbeiten.

Man akzeptierte meine Forderung, dass alle Beteiligten, die Architekten und Ingenieure, die Baugenehmigungsbehörden und die Olympia-Baugesellschaft als Bauherrin einschließlich ihres Aufsichtsrats auf der Baustelle unmittelbar zusammenarbeiten sollten. Voraussetzung dafür war die Errichtung des Olympiabauzentrums auf dem Oberwiesenfeld (Bauzeit sechs Wochen von der Fundierung bis zur Betriebsfertigkeit des Gebäudes im Winter 1967/1968).
Für jeden Planungsbereich sollte es beim Bauherrn einen Partner geben, der verpflichtet war, erforderliche Entscheidungen zu treffen oder herbeizuführen. Besprechungsergebnisse waren im Beisein der Beteiligten zu formulieren, so dass Entscheidungen ohne Verzug und nachvollziehbar in die weitere Arbeit einfließen konnten. Da der Fertigstellungstermin unverrückbar und die Zeit knapp war, sollte der Ablauf der Planung und Baudurchführung mit Netzwerktechnik entwickelt und allen Veränderungen entsprechend angepasst werden. Prof. Burkhardt hat mit der von ihm entwickelten Methode dieses Problem hervorragend gelöst.

Alle Leistungen sollten öffentlich ausgeschrieben werden mit Hilfe elektronischer Datenverarbeitung. Zwar gab es damals noch keine Standard-Leistungsverzeichnisse, aber eine erste Entwicklung im Ingenieurbüro Rüping, die im Universitätsbau erprobt worden war. All das sollte die Realisierung erleichtern.

Der Wettbewerb

Bereits vor Gründung der OBG hatte die Stadt München unter deutschen Architekten einen Wettbewerb ausgelobt. Gefordert waren Vorschläge für die Gesamtkonzeption und für die Planung aller Bauten auf dem Oberwiesenfeld samt Nachweis der Realisierbarkeit. Zur Beurteilung der über 100 Entwürfe wurde eine Ausstellungshalle von 10000 qm benötigt. Ein Vorschlag gewann von Runde zu Runde immer mehr Zustimmung im Preisgericht. Die Gesamtkonzeption einer bewegten Landschaft, in der die Sportbauten eingefügt und bergspitzenartig überdeckt waren, wirkte geradezu märchenhaft. Man hätte sich's nicht schöner wünschen können. Es war auch das Gegenstück zur Architektur von 1936. Dieser Entwurf von Behnisch & Partner wurde im Oktober 1967 vom Preisgericht zur Ausführung empfohlen. Die Gestaltung der Gesamtanlage wurde von allen begeistert aufgenommen.
Damit dieser Traum Wirklichkeit werden konnte, waren noch zwei Nüsse zu knacken: Das Preisgericht formulierte zum einen: „Die große Problematik des Entwurfs liegt in der Zeltdachkonstruktion (...). So ist es fraglich, ob bei diesen Dimensionen das Vorbild der Montreal-Zeltkonstruktion für ein Dach dieses Ausmaßes als Dauerbauwerk ausgeführt werden kann. Das Preisgericht (...) muss leider diesem in allen Teilen hervorragenden Entwurf in Bezug auf die Haltbarkeit und Betriebssicherheit Einschränkungen auferlegen. Das Preisgericht ist der Auffassung, dass anstelle der Zeltdachkonstruktion andere Dachkonstruktionen verwendet werden können, ohne dass die für die Urteilsfindung maßgebenden Qualitäten dieser Arbeit verloren gehen."
Ferner stellte das Preisgericht fest, dass (von Behnisch) zur Gestaltung des Olympischen Dorfes keine Aussagen gemacht wurden.

Die Dachkonstruktion

Man muss verstehen, dass diese Formulierung des Preisgerichts sowohl bei den Architekten als auch beim Bauherrn, insbesondere bei den politisch verantwortlichen Aufsichtsräten der OBG, Verunsicherung auslöste. Es wäre falsch gewesen zu versuchen, diese gravierenden Einwände des Preisgerichts zu ignorieren. Die Lösung des Problems konnte nur durch den konstruktiven Beweis der Realisierbarkeit in der verfügbaren Zeit gefunden werden. Ein Problem, das wegen der Größe der Überdeckung Zeit kostete. Ich bat Herrn Behnisch, keine Kosten zu nennen, bevor klar war, wie das Dach konstruiert und gebaut werden sollte. Preisangaben weit unter den Ist-Kosten der Konstruktion von Montreal musste ich widersprechen.
Als das Projekt schon fast zu kippen drohte, fassten wir den sogenannten Doppelbeschluss – ähnlich wie die NATO zur Beendigung der Raketenrüstung –, mit dem Behnisch beauftragt wurde, sowohl die punktgestützte als auch die umfanggestützte Überdeckung bearbeiten zu lassen, bis die Realisierbarkeit der punktgestützten Konstruktion nachgewiesen war, um sicherzustellen, dass die Spiele nicht ohne Dach stattfinden würden. Diese Entscheidung beruhigte auch den Aufsichtsrat der Olympia-Baugesellschaft.

Anfang Juni 1968 habe ich nochmals das Preisgericht um Beurteilung der weiterentwickelten Planung gebeten. Aus formalen Gründen war es einstimmig der Auffassung, dass das sogenannte Zeltdach (punktgestütztes Hängedach) eindeutig den Vorzug verdiente, und erklärte, „dass die Ausarbeitung von Alternativen (...) eine klare und ausgereifte Entscheidung ermöglicht hat". Zwar gab es noch unterschiedliche Ideen für die Konstruktion des punktgestützten Daches. Den Durchbruch zur Realisierung schafften dann für Statik und Konstruktion Dr. Jörg Schlaich im Büro von Prof. Leonhardt und Andrä sowie Prof. Herbert Kupfer als projektbegleitender Prüfingenieur für die Statik und Prof. Wilhelm Schaupp für die Eindeckung, die für alle Dachneigungen geeignet, flexibel und transparent sein musste und allen klimatischen Anforderungen entsprechen sollte. Ohne die Genialität dieser Ingenieure und die Beharrlichkeit von Architekt Behnisch wäre das Olympische Dach nie Wirklichkeit geworden.

Das Olympische Dorf

Die zweite zu knackende Nuss war die Planung des Olympischen Dorfes und der Hochschulsportanlage, für die Prof. Behnisch zunächst nur die Planungsräume ausgewiesen hatte. Um hierfür einen weiteren Wettbewerb vorzubereiten, auszuloben, zu bearbeiten und zu entscheiden fehlte die Zeit. Ferner wäre ein schönes Wettbewerbsergebnis nicht hilfreich gewesen, wenn die Bauträger nicht bereit gewesen wären, es zu finanzieren und zu bauen. Natürlich passte kein Olympisches Dorf aus den Entwürfen anderer Preisträger zur Gesamtplanung von Behnisch & Partner. Zunächst erhielt er eine „übergreifende Funktion", eine Art künstlerischer Oberleitung über das gesamte Oberwiesenfeld. Damit konnte er alles verhindern, was nicht in das Gesamtkonzept passte.

Vom Preisgericht war das Olympische Dorf der dritten Preisträger Prof. Erwin Heinle und Robert Wischer auch hinsichtlich der Einfügung in eine frei gestaltete Landschaft gut beurteilt worden. Sie nahmen die mit dem vierten Preis ausgezeichneten Kollegen in ihre Arbeitsgruppe auf. Prof. Heinle legte der Planung eine wissenschaftlich durchdachte Methode zugrunde, deren Ergebnisse nachprüfbar waren. Das sogenannte mehrstufige Optimierungsverfahren kann im Rahmen dieses Aufsatzes nur in seinen Grundzügen vereinfacht dargestellt werden. Zunächst arbeiteten 20 Architekten frei auf der Grundlage gemeinsamer Planvorstellungen 57 unterschiedliche Lösungen aus. Unter systematischer Auswertung dieser Vorschläge wurden Grundsätze für die weitere Arbeit ermittelt. Die Lösungen sind dabei von Fachleuten der Hygiene, des Schallschutzes, des Verkehrs und der Grünraumgestaltung, von Soziologen, Psychologen, Baurechtlern und Städtebauern beurteilt worden.

So entstanden in der zweiten Stufe 20 neue Lösungen. Der Prüfvorgang wurde wiederholt. Dasselbe geschah in der dritten Stufe mit sieben und in der vierten Stufe mit drei Lösungen. Schließlich wurde daraus ein nach allen wägbaren Kriterien abgesicherter Entwurf entwickelt. Erstaunlich ist, dass dabei nicht eine Addition von Teilen, sondern eine großzügige städtebauliche Einheit geschaffen werden konnte, die sich in die raumbildende Landschaftsarchitektur von Behnisch & Partner sehr gut einfügt. Gutachter und Ratgeber in diesem Verfahren waren unter anderen Prof. Bakema, Prof. Candilis, Dr. Ervi und Prof. Mitscherlich. Vom Zentrum neben dem U-Bahnhof greifen drei Wohnarme in den Grünraum aus. Die Erschließungsstraßen wurden durch Wohnwege überdeckt, auf der Nordseite von hohen, auf der Südseite von niedrigen Terrassenräumen begleitet. Alle Wohnungen sind zur Sonne ausgerichtet und haben individuelle kleine Terrassengärten und die Sichtverbindung zum großen Grünraum, zu den Olympischen Anlagen, zur Stadt und in die Berge. Bedauerlicherweise wurden später die Grünräume zwischen den Wohnarmen noch nachverdichtet.

Mit dem Verfahren bekamen wir rasch eine auch von Behnisch akzeptierte Lösung für das Olympische Dorf mit allen Einrichtungen einschließlich der Sporthochschule. Gegen das Verfahren protestierten einige Verbandsfunktionäre. Herr Heinle wurde in einer Weise angegriffen. die ich als sehr unfair empfunden habe. Er hat es ausgehalten. Als wir fertig waren, erklärten die Direktoren der Neuen Heimat Bayern, dass sie so etwas niemals bauen würden, man solle doch ihre bewährten Lösungen anwenden. Die übrigen Bauträger aber sagten dazu: „Wir machen es." Sie haben es nicht bereut. Bereits ein Jahr nach dem Wettbewerb war das Bild der Münchener Olympiabauten rechtzeitig zur Präsentation bei den Olympischen Spielen in Mexiko vollständig verfügbar.

Der Olympiapark

Das Preisgericht hatte in der Beurteilung des Entwurfs von Behnisch & Partner die hohe Qualität der Landschaftsgestaltung positiv hervorgehoben. Sie ist das verbindende Element und eine reine Freude. Dazu fand Behnisch in Prof. Grzimek den genialen Partner. Stadtgartendirektor Wurzer hatte in weiser Voraussicht schon Jahre vor dem Wettbewerb Baumschulen angelegt, um Material zur Verfügung zu stellen. Dr. Grimme konstruierte dazu die Brücken in den gewünschten Bogenformen. Fritz Auer und Karl-Heinz Weber haben als Partner von Behnisch dafür gesorgt, dass alles, was auf dem Oberwiesenfeld gebaut werden sollte, zu einem Gesamtkunstwerk zusammengefügt wurde. Dazu gehörten auch die Verkehrsanlagen. Der rasche Ausbau des Mittleren Ringes auf dem Oberwiesenfeld war auch für den Baustellenverkehr nötig. Dafür sorgte in bewährter Weise das Baureferat der Stadt unter Leitung von Stadtbaudirektor Haarpaintner und seinem damaligen Stellvertreter Baudirektor Langguth. Die Arbeiten für U- und S-Bahn wurden von den zuständigen Referaten in den Bauablauf problemlos eingefügt.

Auf der Zielgeraden

Der Leiter der Obersten Baubehörde Prof. Koch veranlasste, dass die für neue Bauarten nötigen Sondergenehmigungen erteilt wurden. Für das Gelingen der Olympiabauten muss auch die außerordentliche Leistung der Baufirmen und ihrer Bauarbeiter gewürdigt werden. Dafür nur ein Beispiel: Zur Eindeckung der Steilflächen des Zeltdaches hingen die Monteure 30 bis 40 m über Grund in Seilen, auch bei Sturm und Regen, um die einzelnen Plexiglasplatten an Ort und Stelle zuzuschneiden, über dem Netz zu befestigen, die Neoprenkanäle einzupassen und zu verschweißen und an die Plexiglasplatten anzuschrauben.
Wenn wir uns erinnern, was damals in München alles gleichzeitig gebaut wurde, kann man verstehen, dass die Bauleute bis an die Grenzen ihrer Leistungsfähigkeit gefordert waren.

Danken muss ich auch meinen treuen Mitarbeiterinnen und Mitarbeitern in der Olympia-Baugesellschaft. Stellvertretend für alle sei Baudirektor Keller erwähnt, der unter anderem die durch den Wettbewerb präjudizierten Vertragspartner zur Annahme der für das öffentliche Bauen üblichen Vertragsformen bewegen musste.
Was immer baureif wurde, ist sofort öffentlich ausgeschrieben und vergeben worden, zum Beispiel 1 Million Kubikmeter Erdarbeiten. Auch nach Vergabe der Rohbauten für die Sportstätten gab es noch Überraschungen.
Beispielsweise sagte mir Dr. Höllerer als Statiker der Schwimmhalle: „Jetzt sind die Kräfte, die wir aus dem Dach bekommen, so groß geworden, dass die Verformung im Untergrund die Dichtung des Trainingsbeckens gefährden würde, aber wir schaffen das schon, wir lassen das Becken samt Wasser zu einem Drittel auskragen, statt es in voller Länge auf dem Boden zu bauen." 1969 konnte auch die Überdeckung der Sportstätten zur Vergabe ausgeschrieben werden.
Nach drei Jahren ohne Urlaub und Arbeitstagen von 14 bis 16 Stunden wollte ich für den Ausbau meiner Technischen Universität in München und Garching und in der Lehre im Fachbereich Baudurchführung tätig werden. Es gab damals keine Beanstandung hinsichtlich der Richtigkeit der von mir getroffenen Entscheidungen und einer korrekten Vergabe und Baudurchführung.

Die Olympia-Baugesellschaft hat mit ihren Vertragspartnern in den verbliebenen zweieinhalb Jahren bis zum Beginn der Spiele den Ausbau der Anlagen und deren Erprobung mit Bravour zu Ende gebracht. Die Mühe aller hat sich gelohnt.

Prof. Paul Löwenhauser
ehemals Geschäftsführer der Olympia-Baugesellschaft mbH, München

„Du bist sowieso überall dabei …" (Günter Behnisch)

Christian Kandzia, 2022

Von 1962 bis 1969 absolvierte ich ein Studium der Architektur an der Hochschule für bildende Künste, heute Universität der Künste, in Berlin-Charlottenburg. Max Taut war der Gründer der Abteilung Architektur an der HBK, die im April 1945 eröffnet wurde. Von allen Ausbildungsstätten für Architektur in Deutschland, hatte die HBK die meisten Pflichtsemester, da, gemäß dem Vorbild des Bauhauses, nach einem einjährigen Baupraktikum zwei Semester vorgeschaltet waren, in denen man sich mit Formen, Materialien und Farben auseinandersetzte. Ein architektonisches Highlight war der Bau der Philharmonie durch Hans Scharoun, der im Oktober 1963 eröffnet wurde. Für Architekten und Schulklassen habe ich zahlreiche Führungen durch die Baustelle, später durch das Konzerthaus durchgeführt. Ein weiterer Höhepunkt, welcher Westberlin gewaltigen Auftrieb brachte, war der Bau der Nationalgalerie von Ludwig Mies van der Rohe, errichtet 1965-1968. Im Werk der Firma Krupp-Druckenmüller in Westberlin verfolgte ich die präzise Fertigung der Stahlelemente für den Rost der Dachkonstruktion und der Stahlstützen. Verantwortlich war Hansjürgen Sontag als Geschäftsführer, der später auch beratend tätig war für den Stahlbau des Olympiadaches in München. Hier wie dort wandte er eine Methode an, bei der beim Heben des Konstruktion mittels hydraulischer Pressen und Autokränen die mit der Dachkonstruktion gelenkig verbundenen Randstützen zunächst horizontal auf Rollenlager gelegt, dann beim Heben mitgezogen wurden, wobei sie ihre Richtung änderten, bis sie ihre endgültige Position erreicht hatten.

Nach Abschluss meines Studiums in Berlin bemühte ich mich, interessante Aufgaben im Ausland zu bekommen. Ich hatte schon einen Vorvertrag für Ausgrabungen in Indien abgeschlossen, als mein Vorgänger unvermutet seinen Arbeitsvertrag verlängerte und meine Wartezeit dadurch unverhältnismäßig lang gewesen wäre. Durch Zufall fiel mein Blick auf eine Annonce in der „Bauwelt", mit der die Architekten Behnisch & Partner Projektleiter für ihr Olympiabüro in München suchten. Also dachte ich, warum eigentlich in die Ferne gehen, wenn die aufregendste Baustelle in Europa mit der Realisierung der olympischen Sportstätten gerade in München läge? Schnell war ein Bewerbungsschreiben formuliert, das ich umgehend an die Architekten schickte. Die Antwort ließ nicht lange auf sich warten und ich wurde zur Vorstellung meiner Arbeiten nach München eingeladen.

So fuhr ich Ende Oktober 1969, bepackt mit einer Rolle voller Zeichnungen, Schriftstü-

cken und Fotografien mit einem Bus von Berlin nach München. Am Kontrollpunkt der DDR hieß es: „Der Mann mit der Rolle bitte aussteigen!" Eine Rolle ist immer verdächtig, es könnte sich ja um Spionage handeln. Zwei Zöllner ließen sich, höflich aber bestimmt, jedes einzelne Blatt erklären. Nach einiger Verzögerung durfte der Bus mit mir und der Rolle ohne jede Beanstandung weiterfahren. Im Olympiabüro angekommen, wurde ich gleich zu Erhard Tränkner geführt. Offenbar kam ich zeitlich etwas ungelegen, denn er versorgte mich mit Lektüre und sagte: „Lesen Sie das erst einmal!" Es vergingen Stunden, bis er ebenso gründlich wie die Grenzbeamten, jedoch mit architektonischem Verständnis, meine mitgebrachten Werke begutachtete.
Am Ende unseres Austausches führte mich Tränkner durch das Büro und erklärte mir in seiner ihm eigenen, eloquenten Art die Arbeiten in den einzelnen Projektgruppen. Da meine Bewerbung später einging als die meiner Kollegen und alle Posten für Projektleitungen schon vergeben waren, konnte er mir aber eine andere Art von Mitarbeit anbieten, was er nach Rücksprache mit Behnisch in einem Schreiben vom 17. November 1969 wie folgt formulierte:
„Wir hätten Sie gerne als Mitarbeiter in unserem Hause. Ich hatte Ihnen bereits im Gespräch gesagt, dass wir einen Kollegen haben möchten, der sich des Sektors Fotografieren (innen und außen), Bearbeitung von Veröffentlichungen mitsamt Sammlung von Planungsunterlagen für Veröffentlichungen, speziell mit annimmt. Für uns ist dieser Sektor sehr wichtig. Wir haben ihn bisher außerordentlich stiefmütterlich behandelt. Er würde Sie natürlich günstig in die Lage versetzen, in relativ kurzer Zeit einen Überblick über unsere gesamte Arbeit zu bekommen. Falls dieser Sektor Sie nicht ausfüllt oder nicht allein darin arbeiten möchten, sollten Sie je nachdem, in welcher Projektgruppe es gerade brennt, für die Bearbeitung bestimmter Kategorien oder Einzelprobleme dort mit einsteigen. Man müsste eben einmal ausprobieren, wie sich beides miteinander vereinbaren lässt, so dass Sie Ihren Spaß behalten ..."
Zugegeben, am Anfang hatte ich keinesfalls damit gerechnet, als Architekt drei Jahre lang keine einzige Zeichnung selbst anzufertigen, bis auf eine Ausnahme:
Als eine Schulklasse von der Freien Waldorfschule in Stuttgart zu einer Besichtigung der Baustelle nach München kam – sollte es etwa die Klasse von Stefan Behnisch gewesen sein? – hatte ich zum Größenvergleich die Ausdehnung des Olympiaparks von 2,5 km Länge und 1,5 km Breite in den Stadtplan von Stuttgart einzutragen.

Als Student hatte ich allerdings bereits als Folge meiner umfangreichen Baugeschichtsarbeiten unter Julius Posener erste Erfahrungen mit Veröffentlichungen in der „Bauwelt" gesammelt.

Das Arbeiten im sogenannten „Olympiabauzentrum" auf dem Oberwiesenfeld, schnell hingestellte Fertigteilbauten, weitab von der Zivilisation – es gab keine vernünftige Infrastruktur, keinen Laden und keine Gaststätte – hatte für mich ein besonderes Flair. Das lag sicherlich daran, dass sehr viele junge und engagierte Mitarbeiter, die erst vor

kurzer Zeit ihr Studium beendet hatten und in der Regel nicht verheiratet waren, hier zusammenkamen, um bei der Entwicklung der technisch-innovativen Olympiabauten gemeinsam an einem Strang zu ziehen. Die Arbeitsplätze in den einfachen Zeilen aus Stahlbeton, wir nannten sie „Baracken", regten zum Improvisieren an. Behnisch hatte in seinem Stuttgarter, am Waldrand gelegenen Büro, eine Abbildung des Cabanon von Le Corbusier am Cap Martin hängen. Er liebte diese Einfachheit.
Auf dem Türschließer des Bürozugangs brütete eine Amsel in ihrem Nest. Mein Raum lag am Flurende. Über dem Eingang stand klein geschrieben: Joedicke. Nachts wurden in der Decke die Mäuse aktiv, die über die diagonalen Stahlbänder des Regals zu ihrem Schlafplatz in einem der Stehordner herunterkamen. Wir respektierten uns gegenseitig.
In der heißen Planungsphase waren im Olympiabüro zwischen 80-100 Mitarbeiter beschäftigt. Die Aufgaben waren im wesentlichen verteilt auf fünf Projektgruppen: Gesamtplan, Stadion, Sporthalle, Schwimmhalle und Dach. Angegliedert war eine Modellwerkstatt mit mehreren Schreinermeistern, die die Vollholzmodelle der Überdachung nach den aktuell errechneten Daten immer auf den neuesten Stand bringen mussten. Zur Koordinierung und Information untereinander gab es jeden Mittwochvormittag eine stundenlange Planungsbesprechung mit den für die jeweiligen Gruppen Verantwortlichen, welche die Erkenntnisse und Festlegungen in die einzelnen Projektgruppen weitergaben. Behnisch kam aus Stuttgart hinzu. Er hatte neben dem Stuttgarter Büro inzwischen auch seinen Lehrstuhl an der TU in Darmstadt zu betreuen. Fritz Auer übernahm schwerpunktmäßig die Bearbeitung der gestalterischen Aspekte des Daches, Winfried Büxel kümmerte sich um die technischen Belange.
Carlo Weber war unschlagbar, was die landschaftlichen Aspekte angeht. Er dachte mit dem Bleistift. Für jede Frage hatte er eine Skizze parat, zum Beispiel zu solch nebensächlichen Details wie die Übergänge verschiedener Bodenbeläge bei einer Kreuzung von Haupt- und Nebenwegen auszusehen hätten. Der räumliche Bereich von Behnisch & Partner war aber nur ein relativ kleiner Teil des ausgedehnten Barackendorfes. Insgesamt waren circa 500 Architekten und Ingenieure und weitere Mitarbeiter in diesen Zeilen nahe des Baugeländes tätig, die Bauherrschaft, vertreten durch die Olympia-Baugesellschaft, die Bauleitung, das Büro des Landschaftsarchitekten Günther Grzimek, die Architekten des Olympischen Dorfs, Heinle Wischer & Partner, Fachingenieure der ausführenden Firmen und viele andere mehr.

Als Architekt war ich für die Öffentlichkeitsarbeit und die fortlaufende Baudokumentation eingestellt worden. Dazu gehört, innerhalb und außerhalb des Büros über alle Vorgänge genauestens informiert zu sein. Jeden Morgen suchte ich zunächst alle fünf Projektgruppen auf, um zu sehen, welche Aspekte dort gerade bearbeitet wurden. Bei jedem Wetter unternahm ich nahezu täglich Rundgänge durch das ausgedehnte Baugelände, um die einzelnen Bauphasen festzuhalten, auch vom Schuttberg aus und von der Aussichtsterrasse des Fernsehturms. Mit dem zunehmend sichtbar werden-

den Baufortschritt wuchs das Interesse der Journalisten und Redakteure, über die Sportbauten berichten zu wollen. Behnisch hat sie meistens im Büro selbst informiert, während ich sie durch das Gelände führte. Ebenso wollten Architektenkollegen, Studenten, Bauverwaltungen und Organisationen, wie der BDA oder die Kammergruppen der Architektenkammern, die Baustelle kennenlernen. Eine „normale" Führung , die auch den Berg mit einbezog, dauerte etwa 2,5 Stunden. War eine ausführliche Führung, einschließlich der Untergeschosse mit der Gebäudetechnik und mit dem Olympischen Dorf gewünscht, so dauerte diese bis zu 5,5 Stunden. Da ich im gesamten Baugelände extrem viel zu Fuß war, beschloss ich, mir die allerbequemsten Sportschuhe zuzulegen. Tränkner akzeptierte das überhaupt nicht und so ließ er mir ausrichten, ich solle mir erst einmal anständige Schuhe kaufen. Es war eine seltene Ausnahme, dass ich einmal das Büro bereits um 17.30 Uhr verließ. Das passte wiederum Behnisch nicht, weshalb er mich anwies, nie mehr früher als er die Büroräume verlassen zu dürfen.
Im Laufe der Zeit hatte es sich eingespielt, dass jeder, der etwas über die Baumaßnahmen wissen wollte, zu mir geschickt wurde. Das Organisationskomitee für die Olympischen Spiele beauftragte einen Modellbauer in Ismaning, etwa zweihundert Gesamtmodelle für die weltweiten Goethe-Institute herzustellen. Öfters fuhr ich zusammen mit Carlo zu der Modellwerkstätte, um die Ausführung zu begutachten und gegebenenfalls korrigierend einzugreifen.
Die Oberpostdirektion sammelte Unterlagen für die Gestaltung von Sonderbriefmarken. Zusammen mit einem beauftragten Grafiker wurde entschieden, einen Block mit dem zentralen Sportstättenbereich herauszugeben, aus dem man einzelne Marken heraustrennen konnte. Als Dank für meine Beratung bekam ich einen Briefmarkenblock mit Sonderstempel als Geschenk, den ich nach der Auflösung des Büros Behnisch & Partner dem saai in Karlsruhe übereignete.
Zu meinem Aufgabengebiet gehörte auch der mehr oder weniger intensive Kontakt mit anderen an den Planungen beteiligten Architekten, Ingenieuren und Sonderfachleuten, wie: Rasem Badran, Rudolf Bergermann, Hans Werner Bobran, Ewald Bubner, Günter Domenig, Dietrich Fabian, Günther Grzimek, Ali Hörner, Peter Hübner, Eilfried Huth, Jochen Jourdan, Klaus Linkwitz, Frei Otto, Peter Prinz, Frieder Roskam und Jörg Schlaich; außerdem der gelegentliche gedankliche Austausch mit Architekten von benachbarten Anlagen und Bauten, wie: Erwin Heinle, Hans Luz, Bernhard Winkler, Werner Wirsing und Karl Schwanzer, dem Architekten des BMW-Turms.

Erst als schon mit dem Bau des Daches begonnen war, wurden, von John H. Argyris und anderen Beteiligten, mathematisch-elektronische Berechnungsverfahren gefunden, die es erlaubten, leichte räumliche Tragwerke in solchen Dimensionen exakt zu berechnen. Während für das Tragwerk der Überdachung der Schwimmhalle, eine Modellstatik ausreichend war, beruhen die Tragwerke der Überdachungen von Stadion und Schwimmhalle auf der Grundlage von elektronischen Berechnungen. Beim

Sporthallendach wurden bei Belastung die Bewegungen von 350 Seilnetzknoten im Rastermaß von 3,00 m simuliert. Drückt eine Last auf einen beliebigen dieser Knoten, bewegen sich sämtliche Punkte in drei Dimensionen – was zu einer Gleichung mit 10.500 Unbekannten führte. Das geheimnisvolle Bild dieser Gleichung vergleiche ich gerne mit der Partitur eines Musikstücks des Komponisten Karlheinz Stockhausen. Von Winfried Büxel erfuhr ich, dass die Berechnungen mit Lochkarten durchgeführt wurden. Hätte man alle Lochkarten übereinandergelegt, hätte das die doppelte Höhe des Fernsehturms ergeben, was mir heute die Fragen aufdrängt, welcher Prüfstatiker überhaupt in der Lage wäre, diese Rechnungen nachvollziehen zu können und in welchem Archiv das umfangreiche Material aufbewahrt wird.

Konstruktiv wurde jedes Dach über den drei Hauptsportstätten unabhängig voneinander gebaut. Am Ende wurden die freien Räume zwischen diesen mit Zwischendächern überdeckt, so dass der Eindruck eines einzigen, durchgehenden Daches entstanden ist. Mit der Montage des Seilnetzes wurde an mehreren Stellen gleichzeitig begonnen. Zum genauen Einmessen wurde auf der Spitze des Schuttberges ein Sockel aus Stahlbeton betoniert, auf den ein Vermesser einen Theodoliten schrauben konnte. Über ein Sprechfunkgerät gab er die mathematisch errechneten Koordinaten auf die jeweiligen Baustellen weiter.

Es war spannend zu sehen, wie sich das Dachtragwerk von Tag zu Tag veränderte. Im ersten Schritt wurden die Stahlbeton-Tribünen mit einer hölzernen Schutzschicht ausgelegt, auf der die Doppellitzen in zwei Richtungen quer zueinander gelegt und mit drehbaren Seilnetzknoten verschraubt wurden. Die einzelnen Seilnetze wurden mit Randseilen verbunden, die an den Hochpunkten über Umlenksättel aus Stahlguss geführt wurden.

Die schweren Stahlelemente wurden überwiegend auf den Gleisen angeliefert, die zuvor für den neuen S-Bahnhof im Westen des Olympiaparks verlegt worden waren – Mastabschnitte, Einzelmaste, Umlenksättel, Wippen, Netzseile, Randseile ... Jedes Teil war ein Individuum mit skulpturalem Anspruch und war an einen vorbestimmten Ort weiter zu transportieren, um dort montiert zu werden.

Die einzelnen Mastabschnitte („Schüsse") hatten Durchmesser von 2,50 m, für die Schwimmhalle sogar von 3,50 m, weil Fritz Leonhardt die Ansicht vertrat, dieser könnte sich sonst nicht vor dem mächtigen Fernsehturm behaupten. Die Mastköpfe sind heute über eine Höhe von 70 m zu sehen, aber als sie vor ihrer Montage auf dem Boden aufgerichtet waren, wirkten sie wie dreigeschossige Gebäude.

Nachdem ein 32 m hohes Montagegerüst über der Spielfeldebene des Stadions errichtet war, zogen Arbeiter Tag für Tag Tragseile, die über Rollen geführt wurden, über ihren Schultern von einem Ende zum anderen hinter sich her. Die einzelnen Seile wurden in zehn Bündeln zusammengefasst, die in die beiden Köpfe der Randseilfundamente für eine Zugkraft von ca. 4.500 t eingeführt und dort mit Pressen verspannt wurden.

Für mich war diese Materie etwas völlig Neues. Wenn ich etwas sah, über das ich

nicht Bescheid wusste, holte ich mir die entsprechenden Informationen bei den ausführenden Stahlbaufirmen, zum Beispiel bei Felix Cichocki, dem Technischen Geschäftsführer der Arge Dach aus Wien und Graz, auch bei Martin W. Egger von der Firma Voest-Alpine aus Linz, oder bei Herrn Landgraf von der Berliner Stahlbaufirma Steffens & Nölle. Er hatte sein Planungsbüro gleich hinter unserer Baracke. Dort baute er an einem Sonntag selbst ein Modell eines Mastkopfes, das er mit rotem Anstrich versah. Von außen bekam ich die wichtigste fachliche Hilfe von Jörg Schlaich. Er war der Leitende Ingenieur für das Dach bei Leonhardt + Andrä. Mit ihm habe ich gemeinsam Veröffentlichungen konzipiert und realisiert. Von ihm habe ich viel gelernt, denn ich hatte Besuchern das Tragverhalten des Daches in allen Einzelheiten zu erklären – auch auf Englisch.
Unerwartete Probleme traten bei der Montage auf, wenn bestimmte Einzelteile nicht termingerecht auf die Baustelle kamen. Manchmal waren die Maste von der Firma Mannesmann aus Düsseldorf angeliefert und die fertig abgelängten Seile aus Frankreich, aber es fehlten die stählernen Umlenksättel aus Saarbrücken.
„Irgendwann haben alle mal durchgedreht, aber Gott sei Dank, nicht alle zur selben Zeit", beichtete mir Frei Otto später. Lediglich der Montageleiter des Daches, Nikolaus Berg, schien sich nicht aus der Ruhe bringen zu lassen. Ich denke, ihm ist es zum großen Teil zu verdanken, dass das Dach termingerecht fertiggestellt wurde und während der höchst sensiblen Phase des Hebens der Konstruktion im zentralen Sportstättenbereich kein Toter zu beklagen war.
Ein kurioser Anblick war der Zeitpunkt der Montage der untergehängten Isolierdecke aus transparenten Kissen aus plissierter PVC-Folie in der Schwimmhalle, als schätzungsweise 20 Monteure, ohne Gerüste auf dem Seilnetz sitzend, die Einzelfelder an Schnüren nach oben zogen. Über den Hallenbereichen wurde erst nach der Montage der untergehängten Decken mit der Eindeckung des Daches begonnen. Vorher fotografierte ich in der Hauptfeuerwache der Landeshauptstadt bei Brandversuchen die Brandeigenschaften von vorgerecktem Plexiglas, das für die Eindeckung zur Ausführung kommen sollte. In Zeitungsberichten war nämlich zu lesen, dass wegen der Fernsehübertragungen im Stadion eine möglichst schattenfreie Dacheindeckung gewünscht worden war, was letzten Endes den Ausschlag gab für den Einsatz von Acrylglas.
Carl Mertz bestand darauf – gegen den Willen der Architekten – die Plexiglastafeln für die Eindeckung ähnlich einer Sonnenbrille in einem leichten Braunton einfärben zu lassen, „weil man sonst im Stadion nicht das Gefühl hätte, unter einem Dach zu sitzen". Man einigte sich darauf, wenigstens die sogenannten „Augen", also die Felder zwischen den Sattelflächen des Stadiondaches, ungefärbt einzudecken.

Manchmal schien das übermächtige Dach, mit seinem immens hohen ingenieurmäßigen und technischen Aufwand, alle Aufmerksamkeit allein auf sich zu ziehen.
Für Behnisch stand dagegen stets der tägliche Gebrauchswert der Parkanlage für den

Einzelnen im Vordergrund. Wenn ich zum Fotografieren nach draußen ging, sagte er immer wieder: „Schwenk Deine Kamera mehr nach unten!"

Mehrere Tausend Arbeiter waren bei der Ausführung der Bauarbeiten für die Anlagen und Sportbauten auf dem Olympiagelände tätig, wodurch sich das riesige Gebiet täglich in einem anderen Erscheinungsbild präsentierte. Zur Weitergabe an Redaktionen von Bauzeitschriften, an Journalisten von Tageszeitungen, für interne Informationszwecke und für die Hochschultätigkeit von Behnisch in Darmstadt, benötigten wir immer aktuelle Aufnahmen. In den allermeisten Fällen wurden die Aufnahmen in Magazinen in Schwarzweiß wiedergegeben, da Farbwiedergaben seinerzeit die Herstellungskosten extrem verteuerten. Für unsere eigenen Vorträge und Informationsveranstaltungen wurden jedoch zusätzlich Farbaufnahmen – Diapositive – benötigt. Das verlangte von mir, regelmäßig mit zwei Kamerataschen, bestückt mit einer Kleinbildkamera und drei Wechselobjektiven, ins Gelände zu ziehen. Eine Kamera war bestimmt für Schwarzweiß-Negativfilme, die andere für Diafilme. Damit noch nicht genug: Manchmal sagte Behnisch zu mir: „Nimm doch auch meine Kamera mit und drück ab und zu drauf."

Behnisch benutzte eine Rolleiflex mit 4 x 4 cm Bildformat. Er bevorzugte das quadratische Format, bei dem man sich nicht ständig für eine Hoch- oder ein Querformat zu entscheiden hat. Die Dias mit einem Außenformat von 5 x 5 cm sollten aber in einen normalen Projektor passen.

Mit einer zeitlich unbegrenzten Dauerkarte, die zur Auffahrt auf den Fernsehturm berechtigte, konnte ich an der Schlange der wartenden Besucher vorbei mit einem der Fahrstühle zur Aussichtskanzel fahren. Es war eine meiner Aufgaben, in regelmäßigen Abständen den Baustellenzustand von oben fotografisch festzuhalten. Auch bestand nach meinen zahllosen Führungen von Besuchergruppen, die meist mit Bussen von weit her angereist waren, oft der Wunsch, im Anschluss an die Führung im Turmrestaurant zu speisen. Während der Einnahme eines opulenten Mahls drehte sich das Restaurant dabei zweimal um seine Achse. War bei Föhnwetter der Blick über die Stadt auf die Alpen außergewöhnlich klar, so rief mich Herr Pollak, einer der beiden Fahrstuhlführer, von seiner Kabine aus an, um mir zu sagen, dass gerade die Sicht besonders lohnenswert zum Fotografieren sei.

Schweiß rann mir jedes Mal von der Stirn, wenn ich während der Dacheindeckung das Seilnetz des Daches bestiegen habe. Diese Begehungen waren äußerst eindrucksvoll. Zwischen den Hoch- und Tiefpunkten stellte sich das Gefühl ein, mich wie auf einem Gletscher zu befinden. Aber da der Aufstieg auf schmalen Laufbrettern über dem Seilnetz mit 75 cm Maschenweite und ohne Schutzgerüste geschah, kostete mich dieser einige Überwindung. Wie viel mehr noch der Abstieg, wenn ich gezwungen war, nach unten zu schauen und nicht auf weit entfernte Punkte am Horizont!

Die gelegentlichen „Freizeiten" waren so etwas wie ein Ventil zum Entspannen zwischen den langen Arbeitszeiten, in denen wir alle sehr gefordert waren.

Einmal war der Himmel so klar und die Sicht in die Ferne so prächtig, wie es nur alle

paar Jahre einmal vorkommt. Spontan sagte ich zu Carlo Weber: „Eigentlich sollten wir jetzt das Büro schließen und wandern gehen". Seine Antwort war nur:
„Du spinnst!" Na ja, ich konnte meine Tätigkeit zwischen Innen- und Außenarbeit frei einteilen, packte meine Fotoausrüstung und machte mich auf den Weg zum Baugelände, um, dem Baufortschritt entsprechend, die aktuellsten Neuigkeiten festzuhalten. Kaum war ich draußen, als ein Praktikant nach mir suchen sollte, um zu verkünden, die Geschäftsleitung hätte beschlossen, das Büro dicht zu machen. Wir würden alle nach Murnau fahren, um dort wandern zu gehen. Die Wanderung durch das stimmungsvolle Land wird mir unvergessen bleiben.
Die Rallye, ein Auto-Corso durch die Voralpenregion, während der bestimmte Aufgaben zu lösen waren, um jeweils das nächste Ziel zu erreichen, war zweifellos die spannendste Veranstaltung während der gesamten Planungszeit. Es war Pflicht, sich dafür so originell wie möglich zu kostümieren. Am Ende fand im Garten eines Landgasthofs eine Siegerehrung für die Teilnehmer statt, die alle Aufgaben gelöst und am schnellsten das Endziel erreicht hatten.
Legendär und über das Umfeld des Büros hinaus bekannt und begehrt, waren die jährlichen Faschingsfeste in allen Räumen der Baracke. Wochenlang wurde der Rahmen dafür vorbereitet für Titel wie „Volles Rohr", „Alle Jahre wieder – das Fest der weißen Mieder" oder so verfängliche wie „Benis et Padres", zu denen jedesmal – dem jeweiligen Titel gemäß, sich Männlein wie Weiblein entsprechend zu kostümieren und zu geben hatten – so beim letzten Titel als Mönch und Nonne in klösterlichen Kulissen.

Weltweite Aufmerksamkeit, weit über die Olympischen Spiele hinaus, wäre Werken von damals noch jungen Künstlern sicher gewesen, die vom Galeristen Heiner Friedrich zur Konzeptfindung nach München eingeladen wurden, darunter Namen wie Carl Andre, Dan Flavin, Michael Heizer, Walter de Maria, Claes Oldenburg, Blinky Palermo, Gerhard Richter, Frank Stella, Andy Warhol.

Adolf Luther hat mehrere Kunstwerke im Stadioninneren, wie dem Ehrengastbereich, dem Sitzungssaal des IOC und dem Pressebereich, mit übereinander geschichteten Spiegelelementen beigesteuert, die mit ihrer Lichtwirkung das architektonische Konzept der Innenräume bereicherten.
Im Foyer der Sporthalle stand lange Zeit das „Sphärische Objekt Olympia", eine Gruppe von motorisch gegensinnig drehbaren Lichtstelen mit übereinander gestapelten Hohlspiegelpaketen. Vermutlich war es das umfassendste Werk, das Luther je geschaffen hat. Jahrzehnte später wurden alle Stelen demontiert, wohl weil sie neuen Nutzungskonzepten im Wege standen. Die Stelen wurden zunächst in einer Halle zwischengelagert und schließlich entsorgt. Die Antwort der OMG war lapidar: „Wir haben die Halle gebraucht und mussten daher die Stelen entsorgen."

Heinz Mack konnte mit seiner „Wasserwolke" über dem Olympiasee das größte und

publikumswirksamste Kunstwerk für die Olympiaanlagen realisieren. Die Kosten dafür beliefen sich auf 1,4 Millionen DM. Seine Beauftragung ist allerdings nur aus ihrer Vorgeschichte zu verstehen: Da standen die beiden, Behnisch und Mack, am Ufer des künftigen Sees und Behnisch äußerte sinngemäß, es wäre doch schön, hier würde sich das Wasser urplötzlich geheimnisvoll bewegen und aus seiner Oberfläche heraustreten wollen. Mack, der schon öfters zusammen mit der Abteilung Springbrunnentechnik der Firma Siemens in Erlangen größere und raffinierte Wasserskulpturen realisiert hatte, griff diesen Vorschlag sofort auf. Damit war die „Wabernde Wasserwolke" geboren – ein sich aus dem ruhenden Wasser erhebendes, horizontales Wasserpaket, das sich langsam, fast unmerklich in ein gewaltiges, vertikales Wasserpaket verwandelt und sich dann wieder zurückzieht.
Allein die Technik war gewaltig: Auf einem Schwimmkörper aus Stahl waren 1600 Düsen montiert. Die präzise Steuerung des Wasserdurchflusses durch jede einzelne Düse, unter Berücksichtigung der stetig wechselnden Wassermenge, war in jener Zeit eine ingenieurmäßige Meisterleistung! 400 Scheinwerfer ließen die „Wolke" bei Dunkelheit weithin aufleuchten. Bedenken kamen auf, ob die Bitumenschicht als Abdichtung des Seegrundes, dem Rückstau des Wasserdrucks von 1,3 Tonnen Gewicht standhalten würde. Ansonsten würden sich die Wassermassen durch den Kiesgrund in das tiefer gelegene Spielfeld des Stadions ergießen. Es ist alles gut gegangen!
Nach den Spielen unterblieben die notwendigen regelmäßigen Wartungsarbeiten, weil für die nacholympische Unterhaltung langfristig keine Geldmittel vorgehalten waren. Schließlich verrottete die sensible technische Ausstattung und das Kunstwerk wurde „beseitigt".
Auf Vermittlung von Heiner Friedrich schlug Gerhard Richter ein rückseitig beleuchtetes Großdia aus Cibachrome mit dem Motiv einer von ihm verfremdeten afrikanischen Landschaftsaufnahme hinter einer Plexiglaswand in der Schwimmhalle vor. Als Honorar waren 300.000 DM zugesagt. Im Raum unter der Zuschauertribüne wurde eine raumhohe Lichtwand in Originalgröße bemustert und Richter baute dafür einen Leuchtkasten, vorerst noch mit einer Abbildung von Himmel und Wolken. Doch das Vorhaben scheiterte, weil von Richter verlangt wurde, bei gleichbleibendem Honorar selbst für den Austausch des Dias aufkommen zu müssen, falls es aufgrund der feuchten Luft in der Schwimmhalle Schaden nehmen würde.
Das spektakulärste Kunstwerk wäre ohne jeden Zweifel die „Olympische Erdskulptur" des US-amerikanischen Künstlers Walter de Maria gewesen. Sein Vorschlag hatte alle vollkommen überrascht, teilweise auch irritiert, da man trotz eines extrem aufwendigen Herstellungsprozesses kaum etwas von dem Werk gesehen hätte.
Walter de Maria schlug eine Skulptur vor, bestehend aus einer kreisrunden Betonröhre von 3,00 m Durchmesser, von der 60 m durch den künstlichen Hügel aus Trümmerschutt des II. Weltkriegs, weitere 60 m in den gewachsenen Boden bis zu einer Gesamtlänge von 120 m gebohrt werden sollten. Ihre obere Öffnung sollte mit einer Bronzescheibe von 30 cm Dicke und einem Durchmesser von 5,00 m abgedeckt

werden, auf die man sich stellen und über das Universum hätte nachdenken können. Die Verklammerung der Röhre durch den Trümmerschutt mit dem gewachsenen Boden sollte ein Zeichen sein für die endgültige Versöhnung und Frieden in der Welt. Nachdem bereits alle Arbeitsabläufe und Risiken exakt durchgespielt waren und genügend Geld für die Ausführung da war, konnte man sich dennoch nicht dazu durchringen, die Bohrarbeiten in Auftrag zu geben. Nach wie vor bin ich überzeugt, wäre sein Konzept der Bevölkerung sechs Wochen früher vorgestellt worden, wäre die Akzeptanz für dessen Realisierung gegeben gewesen. Obwohl auch Behnisch sich entschieden für dieses Projekt einsetzte, entschied Carl Mertz, nachdem der Berg jetzt fertig sei, wolle er dort keine Baustelle mehr haben, von der man nicht wisse, ob die Bauarbeiten bis zu den Olympischen Spielen abgeschlossen sein würden.
Walter de Maria sah die Olympische Erdskulptur in der Tradition der Kunst des XX. Jahrhunderts. Sie hätte die Kraft zum Nachdenken darüber gehabt, dass alle Menschen gemeinsam auf einem Planet leben und drei der aktivsten Kunstrichtungen in einer Skulptur verbunden hätte: Minimal Art, Conceptual Art und Land Art.

Otl Aichers Farbkonzept für die Anlagen und Sportbauten unterstrichen die heitere, gelöste und spielerische Atmosphäre auf dem Gelände während der Spiele. Auf den Masten des Daches wurden fragmentarisch Banderolen mit den Farben des olympischen Erscheinungsbildes angebracht, die weithin nach außen strahlten, über den Tribünen des Stadions wehten Flaggen vom Dachrand. An exponierten Orten postierte Aicher auf dem Raster von gleichseitigen Dreiecken sogenannte Pulks mit Erscheinungsbild-Flaggen in zarten Olympischen Farben – Hellblau, Hellgrün, Weiß. Jeder Standort war vor Ort sorgfältig bemustert worden, um die Fernwirkung aus verschiedenen Blickrichtungen überprüfen zu können.
Zur Unterhaltung der Besucher während der Spiele konzipierte Werner Ruhnau eine „Spielstaße". Darunter verstand er eine temporäre Budenstadt am südlichen Seeufer unter Einbeziehung des gegenüberliegenden Theatrons, das um eine Seebühne erweitert wurde. Diese Anlagen sollten der Kommunikationsförderung dienen und zu Mitspielmöglichkeiten anregen.
Der ZERO-Künstler Otto Piene ließ während der offiziellen Schlußfeier zwischen dem Berg und dem Olympischen Zentrum über den Köpfen der Besucher einen riesigen „Regenbogen" aufsteigen, der in den olympischen Erscheinungsbild- Farben leuchtete.

Nach dem schrecklichen Attentat im Olympischen Dorf wirkte die Stadt wie gelähmt. „The Games Must Go On"- verkündete IOC-Präsident Avery Brundage. Zwar wurden die Wettkämpfe zu Ende gebracht, aber es lag eine Schwermut und Ratlosigkeit nicht nur über den Olympischen Anlagen, sondern über der ganzen Stadt.

Zum 10-jährigen Bestehen des Olympiaparks hatte die Olympiapark München GmbH (OMG) in die Olympiahalle eingeladen, wo unter anderem die spanische Opernsänge-

rin Montserrat Caballé und die früh erfolgreiche Sängerin Nicole mit ihrem Lied „Ein bißchen Frieden ..." auftraten. Stellvertretend für die Architekten durfte ich im Foyer der Olympiahalle eine Ausstellung über die Geschichte des Parks und der Hauptsportstätten zusammenstellen.
Nachdem weitere zehn Jahre vergangen waren, wurde ich von der OMG gebeten, die Originalfarbtöne der Stahlfassaden von der Olympiahalle und der Olympiaschwimmhalle für Wiederholungsanstriche zu bestimmen. Dieser Vorgang wiederholte sich nach einer weiteren Dekade.
Die Nutzungsmöglichkeiten in der Olympiahalle hatten sich inzwischen immer mehr erweitert, so dass neben Turnen und Handball, Veranstaltungen wie Eissport, Sechstagerennen, Springreiten, Theater- und Opernaufführungen möglich wurden.
Für die Herstellung eigener Bühnenausstattungen und Kulissen wurde im Jahr 1996 von Günter Behnisch und Manfred Sabatke ein Werkstattgebäude realisiert, dessen Farbgebung meine Handschrift trägt.
Die mit dem Olympiastadion unterirdisch verbundene, ehemalige Aufwärmhalle, wurde im Jahr 2005 von Günter Behnisch, Manfred Sabatke und Stefan Behnisch zu einer Trainingshalle für Leichtathletik für den Olympiastützpunkt Bayern umgebaut und erweitert. Meine Aufgabe bestand dabei, sämtliche Farben für die Elemente der Baukonstruktion so zu wählen und festzulegen, dass – im Sinne der Denkmaleigenschaft der Gesamtanlage – der ursprüngliche Charakter des Baues wieder weitgehend hergestellt werden konnte.

Fünfundvierzig Jahre nach dem Anschlag auf die israelische Mannschaft im Olympischen Dorf wurde ein von den Architekten Brückner & Brückner entworfener Erinnerungsort für das Olympia-Attentat eröffnet. Durch Zufall stieß man bei der Suche nach Bildern, welche die beschwingte und heitere Atmosphäre vor dem Attentat vermitteln, auf meine früheren Aufnahmen aus dem Olympia-Sommer 1972. Seit dem 6. September 2017 kann man dort bei Tag und bei Nacht in stetigem Wechsel eine Auswahl dieser Bilder sehen.

Prof. Christian Kandzia
Öffentlichkeitsarbeit im Olympiabüro von Behnisch & Partner, München, 1969 bis 1972

Olympiade unter ‚plexiglas‘

Röhm GmbH, Darmstadt, August 1971

Die XX. Olympischen Sommerspiele finden vom 26.8. bis 10.9.1972 in München unter Plexiglas statt! Diese Voraussage wäre auch uns im Herbst 1967, als im Architekten-Wettbewerb der Zeltdachentwurf von Prof. Behnisch gekürt wurde, reichlich utopisch und vielleicht sogar als verwegener Griff nach den Sternen erschienen. Aber inzwischen ist viel Wasser die Isar hinuntergeflossen und die Würfel sind gefallen – ja noch mehr: Die Fertigung läuft bei uns bereits seit einiger Zeit auf vollen Touren. Die Auslieferungstermine stehen fest, und der Lieferumfang von ca. 80 000 qm ist nicht gering zu schätzen. Bei den zur Zeit laufenden gigantischen Baumaßnahmen auf dem Oberwiesenfeld ist die Zeit noch kostbarer als Gold, denn die Uhr tickt und tickt … Allenthalben hat deshalb der vorolympische Staffellauf der Termine eingesetzt. An der Übergabe von ‚plexiglas‘ soll's jedenfalls nicht liegen, daß die Bauverantwortlichen und der Bauherr am 26. August 1972 dem Einlaufen des Fackelträgers nicht unbeschwert entgegenharren können.
Von alters her geht von den Olympischen Spielen eine besondere Faszination aus. Triebfeder für dieses außerordentliche, weltweite, ideelle und materielle Engagement ist die Begeisterung am fairen, friedlichen Wettstreit der originären menschlichen Kräfte und Geschicklichkeiten sowie der Ehrgeiz, das absolut Äußerste erreichen – und bewundern zu wollen. Insofern hat sich seit dem griechischen Altertum, das die Olympischen Spiele ein Jahrtausend pflegte, bis in unsere Zeit hinein nichts oder nur wenig geändert. Die Welt wird sich in München versammeln und über Fernsehen und Rundfunk eine gewaltige Zuschauerkulisse bilden. Es gibt wohl nur wenige Veranstaltungen, die eine vergleichbare Publizität aufweisen.
Ebenfalls von alters her hatte es sich eingebürgert, die Wettkämpfe an würdiger Stätte auszutragen. Im griechischen Altertum war dies der olympische Hain, geziert mit im eigentlichen und engsten Sinne klassischen Kunstwerken, die in jeder alten Kunstgeschichte einen bevorzugten Platz einnehmen. Dieser verpflichtenden Tradition ist man auch bei den Olympischen Spielen unseres modernen Industriezeitalters eingedenk.
Freilich ist der technische und materielle Einsatz unvergleichlich viel größer geworden. Das Gastland hat im Regelfall eine unserer Massengesellschaft proportionale Aufgabe unter Einsatz und optimaler Ausnutzung des jeweiligen Standes der Technik zu lösen. In München haben die Gastgeber noch ein übriges getan. Man ist dort im Begriff, ein in verschiedener Hinsicht sagenhaftes Bauwerk zu erstellen. Stil, technische Neuheit, Konstruktion und Größe des alle Hauptsportstätten überspannenden Zeltdaches könnten schon allein – auch ohne den besonderen Anlaß der Olympiade – die bewundernden Blicke der Welt auf sich ziehen.

Man vergesse nicht: Am Anfang stand das Tüllmodell der Architekten, die materielle Kontur der architektonisch-künstlerischen Idee. Eine Idee ist eine Sache, ihre Ausführung eine ganz andere. Ein konventioneller Entwurf läßt sich leicht konventionell durchkonstruieren, detaillieren und dimensionieren, obwohl auch hier der Teufel bekanntlich im Detail steckt (und sein Unwesen treibt). Das Olympia-Zeltdach ist jedoch vergleichsweise ohne Vorbild – wenn man von dem wesentlich kleineren Deutschen Pavillon auf der Weltausstellung in Montreal absieht. Wen wunderts, daß bei den Verantwortlichen bei aller Begeisterung sofort die bohrende Frage auftauchte, ob dieses Bauwerk – selbst unter Einbeziehung des neuesten Standes der Technik – auch realisierbar sei. Die Würfel fielen verhältnismäßig schnell: das Dach wird gebaut! Die öffentliche Meinung erhitzte sich selbstverständlich auch ob dieses fesselnden Themas. Während mehr oder weniger sachverständige bzw. sachliche Ausführungen noch in der Presse hin- und herwogten, machten sich die unmittelbar engagierten Architekten, Gutachter, Statiker, Ingenieure und nicht zuletzt der Bauherr hart an die Arbeit, um das Dickicht der Probleme zu lichten und um die vereinzelten Kassandrarufe nicht wahr werden zu lassen. Die Diskussion wird wahrscheinlich erst erlöschen, wenn die Olympia-Gäste aus aller Welt unter dem Dach zusammengeströmt sind.
Ohne Zweifel: Die Eleganz und Funktionstüchtigkeit des Daches wird vom Werkstoff für die „Dachhaut" bestimmt. Das Tüllmodell der Architekten symbolisierte auch hier zunächst nur die Idee, ohne zu differenzieren. „plexiglas" war nur ein Bewerber unter vielen. Um ehrlich zu sein: Sehr aussichtsreich erschien uns deshalb Anfang 1968 das Rennen nicht. Am Start waren konventionelle Werkstoffe wie Aluminium, Beton und Holz gut im Gespräch. Als sich aber die Auswahlkriterien schärfer konturierten, lichtete sich sehr schnell das Feld. Bei den Ausschreibungen bewarben sich schließlich nur noch das Polyestergewebe, glasfaserverstärkter Polyester und „plexiglas". Von Anfang an stand bei uns im Hause fest, daß es den Konkurrenten außerordentlich schwerfallen dürfte, mitzuhalten. Andererseits war die Wunschliste des Bauherrn und der Architekten für eine ideale Dachhaut gewichtig und in einigen Punkten absolut unerbittlich. Man staune: Unter Hunderten von „plexiglas"-Sorten unseres Lieferprogramms und unter den unzähligen namenlosen Versuchsmaterialien unserer Laborjournale war zunächst kein einziges, das lückenlos die Litanei der Forderungen erfüllte. Das Olympia-Material mußte noch geboren werden. Es war terminlich gerade noch Zeit dazu!
Pate standen unsere zum Teil sehr langjährigen Erfahrungen und Forschungsergebnisse auf den Gebieten:
Brandverhalten der Kunststoffe
Wirkung und Eigenschaften flammhemmender Zusätze
Technologie des biaxialen Reckens von „plexiglas"-Platten
Eigenschaften von gerecktem „plexiglas", insbesondere von solchem mit flammhemmenden Zusätzen
Beurteilung und Extrapolation von Bewitterungsversuchen
Langzeitverhalten von Kunststoffen
Lichttechnik

Alle unsere Erkenntnisse flossen im Material für das Olympia-Dach zusammen: ‚plexiglas 215 gereckt'.

Inzwischen haben sich in einem umfangreichen Versuchsprogramm unsere Erfahrungen und Extrapolationen erhärtet.

Hier die wichtigsten Kriterien für die Auswahl der Dachhaut:

Es sollte nicht nur ein Dach für einen unvergeßlichen olympischen Spätsommer sein – diese Forderung bedeutet in der Sprache der Werkstoffkunde: lange Haltbarkeit und/oder ausgezeichnete Witterungsbeständigkeit. „plexiglas 215 gereckt" profitierte hierbei von der makellosen vierzigjährigen „plexiglas" -Erfahrung.

Strahlender Sonnenschein ist für die Münchener Spiele bereits einprogrammiert. Die Stimmung im Stadionrund wird heiterer, die Farben werden prächtiger und im Fernsehen leuchtender und richtiger wiedergegeben, wenn Licht, viel Licht das Stadion durchflutet und dieses Licht keine harten Schlagschatten erzeugt. „plexiglas 215 gereckt" mit seiner hohen Lichtdurchlässigkeit und seiner wasserklaren Brillanz kann als Dachmaterial optimale Lichtverhältnisse schaffen. Auf dem Spielfeld und in den Zuschauerrängen tritt unter dem „plexiglas"-Lichtdach kein harter Schlagschatten von der Dachhaut auf, der die Kunst der Fernsehtechniker scheitern ließe und die Farbfernsehbesitzer in aller Welt ihren Kauf bereuen lassen würde, weil die Farben dann flau in flau und grau in grau wiedergegeben würden.

Wo regelmäßig ca. 100000 Menschen zusammenströmen, sind Polizei und Feuerwehr von Amts wegen um die Sicherheit besorgt. Feuer z. B. kann sehr schnell zu Panik und unbeschreiblichen Katastrophen führen, wenn es sich schnell ausbreiten kann und/oder starke Qualmbildung eintritt. Verständlicherweise waren hierzu die Auflagen besonders streng. „plexiglas 215 gereckt" besitzt das Prädikat „schwer entflammbar" nach DIN 4102 und qualmt bei Feuerbelastung nicht. Ein Irrer oder bösartiger Brandstifter kann also das Zeltdach nicht in eine riesige, gespenstische Brandfackel verwandeln. Der Feuerschaden beschränkt sich stets auf die Wirkung des primären Brandherdes.

Das Seilnetz besitzt sein Eigenleben, das respektiert werden muß, soll die Dachhaut nicht zerreißen. Jegliche ungleichmäßige Belastung, z. B. örtlich unterschiedliche Schnee- oder Windbelastung (Sturm!) deformiert ortsabhängig unterschiedlich die verschiedenen Seilnetzmaschen. Die quadratischen Maschen (75 x 75 cm) werden dann zu Rauten, d. h. die rechten Winkel werden diagonal paarweise kleiner bzw. größer, während die Kantenlängen konstant bleiben. Die Dachhaut muß für diese Winkelverschiebungen eine ausreichende Nachgiebigkeit besitzen – andererseits muß sie für Montage und Wartung sicher begehbar, also auch ausreichend steif sein. „plexiglas 215 gereckt" erfüllt im Zusammenwirken mit der vorgesehenen Befestigungsart diese Bedingungen in idealer Weise.

Der Bauherr forderte unabdingbar ein etwas getöntes Material als Sonnenschutz für die Stadionbesucher. „plexiglas 215 gereckt" konnte eine Palette von Grautönen offerieren.

Windkanalmessungen ergaben bei einer Windgeschwindigkeit von 144 km/h Sogbelastungen bis 300 kp/qm in gewissen Dachzonen.

Andererseits hat man mit Schneelasten an einzelnen Stellen von maximal 240 kp/qm – entsprechend einer Schneehöhe von ca. 120 cm – zu rechnen. „plexiglas 215 gereckt" besitzt gegen kurzzeitige, stoßartige und langanhaltende Belastungen eine ausgezeichnete Widerstandsfähigkeit. Es ist bruchfest, dehnbar, elastisch.
Leichte Verarbeitbarkeit und Verlegbarkeit sowie eine funktionstüchtige Befestigung und Abdichtung müssen gewährleistet sein. „plexiglas 215 gereckt" hat seit der Eindeckung des Versuchsdaches hierzu seine Bewährungsprobe bereits glänzend bestanden. Preis und technische Leistungsfähigkeit der Dachhaut (einschließlich Befestigung) müssen in einer optimalen Relation zueinander stehen. Ein großes Konkurrenzfeld garantierte dies. „plexiglas 215 gereckt" entsprach den Anforderungen der verantwortlichen Gremien und bekam den Zuschlag.
Wie alles so kam, mag dem Historien- oder Histörchenschreiber überlassen sein. Jedenfalls war es ein langdauernder und für die engagierten Experten streckenweise auch ein aufregender Countdown, bis am 7. Juli 1970 Präsident Mertz von der Olympiabaugesellschaft auf einer Pressekonferenz die Entscheidung verkündete: „Die XX. Olympischen Spiele finden unter „plexiglas" statt."

Wir hoffen, es werden für die Sportler und Zuschauer aus aller Welt gute und unvergeßliche Spiele sein. Ein einmaliger und würdiger Rahmen ist jedenfalls im Werden.

Dr. Manfred Buck im Sonderdruck „Röhm Spektrum", 08/1971

Dach ohne Schatten

Rheinhold & Mahla GmbH, Mannheim

Es sind nicht mehr die Göttertempel, die malerisch bunte Zeltstadt der reichen Herren, nicht mehr die Pferdewagen und Pinienhaine, die beim Wettstreit der Jünglinge die Kulisse bilden und der Arena das Fluidum der Verspieltheit geben. Beton, Stahl und Technik beherrschen das Bild, Computer rechnen und speichern, Funkwellen verbinden über Tausende von Kilometern Kontinente mit den Sportstätten in München. Ein Mammutapparat aus perfekter Technik und Organisation wird in Bewegung gesetzt. Die Bronzeplastik, die seit Jahrhunderten den Diskus schwingt, ist nur noch ein Traum. In München ist ein „Olympia der kurzen Wege" konzipiert worden. Das Ziel sind Wettspiele, die sich schon in der baulichen Gestalt am Olympia der alten Griechen orientieren. Konsequent griff die Architektengruppe Behnisch & Partner zu einer Seilnetzkonstruktion, die in ihrer Silhouette einem Zelt ähnelt. Doch „das Dach", das auf dem Münchner Oberwiesenfeld entsteht, hat nur in seiner Form Ähnlichkeit mit einem Zelt.

Auf der Weltausstellung in Montreal wurde eine doppelt verspannte Seilnetzkonstruktion zum ersten Male vorgestellt. Für München wurde diese neue Idee weiterentwickelt: Durch ein in zwei Richtungen fest verspanntes Maschenwerk ergibt sich eine starre Tragekonstruktion, die durch in verschiedener Höhe angeordnete Abspannpunkte ihre charakteristischen Sattelflächen und Wölbungen erhält. Durch die doppelte Verspannung ist selbst bei Belastungen ein Schwingen oder gar Flattern der Dachhaut unmöglich. Doch vom Entwurf auf dem Papier bis zum Hochziehen, Spannen und Eindecken der Seilnetzkonstruktion war für die am Dachbau beteiligten Firmen ein langer Weg durch technisches Neuland. Auch wenn Computer einen Teil der langwierigen und komplizierten Berechnungen übernahmen, auch wenn mit empirischen Methoden Werte über das Verhalten von Konstruktion und Material ermittelt wurden, so war doch der Weg der Konstrukteure bis zum vielgerühmten „Know-how" der Bautechnik und Eindeckungsmethodik schwierig. Einige Angaben mögen das unterstreichen und stellvertretend für die Vielzahl der gelösten Einzelprobleme stehen: Gleichungen mit über 10 000 Unbekannten mußten von Computern gelöst werden, um die genauen Längen der Seilnetzabschnitte bestimmen zu können, denn schon millimetergroße Längenänderungen bei der Vorfertigung müssen zu kaum zu verkraftenden Fehlern führen. Riesige Betonwiderlager, von denen das größte 13 x 12 x 30 m mißt und damit die Abmessungen eines Bürohauses erreicht, nehmen die enormen Zugbelastungen auf. Das Randseil des Stadions zum Beispiel ist mit rund 4000 t belastet! Es besteht aus zehn Seilnetzpaketen mit einem Durchmesser von 130 mm.

Die Rheinhold & Mahla GmbH, Mannheim, eines der führenden Unternehmen im Bereich des Wärme-, Kälte-, Schallschutzes und der Fassadentechnik, wurde in einer Arbeitsgemeinschaft mit der Eindeckung der Riesenfläche und der Entwicklung einer

Konstruktion von der Olympia-Baugesellschaft beauftragt. Rund 80000 qm mußten in München eingedeckt werden. Das entspricht etwa der Fläche von zehn Fußballfeldern. Gefordert wurde nach dem Architektenentwurf eine Eindeckung, die als Wetterhaut für das Dauerbauwerk in München von „maximaler materieller und optischer Leichtigkeit bei klar durchsichtigem Material" sein mußte.
Die Erinnerung an die Fußballweltmeisterschaft in Mexiko war bei den Planern noch „taufrisch". Jeder dachte an die mehr schwarzen als bunten Fernsehbilder, die über den Atlantik in die bundesdeutschen Fernsehstuben gefunkt worden waren. Die Tribünendächer hatten lange Schlagschatten auf die Spielfelder geworfen. Bei einem Schwenk über die Rasenflächen war es den Kameraleuten unmöglich, die übermäßig großen Kontraste auszugleichen. Bis die Kamera auf die Lichtwerte eingestellt war, hatten die Fußballfreunde die besten Szenen oft verpaßt. Die Olympischen Spiele in München aber sollen ganz im Zeichen der Farbe stehen. Und so meldeten die Fernsehtechniker ernste Bedenken und harte Forderungen an. Voraussetzungen für eine technisch einwandfreie Farbübertragung sind ausgeglichene Lichtverhältnisse ohne Schlagschatten. Konsequenz aus dieser Forderung war ein Eindeckungsmaterial für die Dachhaut, das lichtdurchlässig sein mußte. Bei durchsichtigen, lichtdurchlässigen Stadiondächern wie in München geht es allerdings nicht allein um die Forderungen des Fernsehens nach für die Farbfilmtechnik optimalen Voraussetzungen, sondern es geht auch um die Zuschauer und – vor allem – um die Sportler. Mehr und mehr wird auch von den Sportverbänden Druck auf die Stadionbauer ausgeübt. Noch am 25. März 1971 formulierte der Deutsche Fußballbund im Namen seiner Mitglieder die Forderung nach Lichtverhältnissen in Fußballstadien, bei denen die Augen und das Konzentrationsvermögen der Spieler nicht so stark durch krasse Licht-Schatten-Differenzen belastet werden. Daß auch die Zuschauer von der Erfüllung dieser Forderungen profitieren, liegt auf der Hand.
Bei der Suche nach einem geeigneten Baustoff kam PLEXIGLAS® 215 gereckt ins Gespräch. Denn ausschlaggebend waren nicht nur die Lichtdurchlässigkeit, sondern auch: Begehbarkeit, Zähigkeit, hohe Bruchdehnung, Schwerentflammbarkeit, glatte, leicht zu reinigende Oberfläche, Unempfindlichkeit gegenüber athmosphärischen und korrosiven Einflüssen und geringes Gewicht. PLEXIGLAS® 215 gereckt kam im Planungsstadium für das Lichtdach u. a. auch nach einer Bewitterung in den Tropen frisch auf den Markt. Einen Teil der für die Lichtdachtechnik gewünschten Eigenschaften erhält das Material durch den Reckvorgang. PLEXIGLAS® wird bei höherer Temperatur thermoplastisch. Es wird zwischen zwei Spiegelglasscheiben zu einer ca. 2 x 2 m großen Platte gegossen. Diese Scheiben werden auf allen vier Seiten in einer Spezialmaschine fest eingespannt und bei etwa 150° C auf 3 x 3 m Kantenlänge „gereckt". Durch den Reckvorgang werden die Molekülketten von PLEXIGLAS® parallel zur Plattenebene bevorzugt orientiert. Diese Veränderung im molekularen Ordnungszustand wirkt sich besonders vorteilhaft bei einigen wichtigen mechanischen Eigenschaften und beim Brandverhalten aus. Bei rund 200° C wird PLEXIGLAS® 215 gereckt wieder thermoelastisch und versucht, auf die ursprüngliche Größe vor dem Reckvorgang zurückzuschrumpfen. Da die Platten auf dem Dach fest in Aluminiumprofile eingespannt sind, reißen sie bei Feuer auf und geben einen Rauchabzug frei. Vermieden

wird so auch ein für die Tragekonstruktion gefährlicher Hitzestau. PLEXIGLAS® 215 ist schwer entflammbar. Es leitet das Feuer nicht weiter. Im Feuer entwickelt es keinen Rauch und tropft nicht brennend ab. Mitentscheidend für die Wahl war weiter die Möglichkeit einer sonnenbrillenähnlichen Tönung der Scheiben.
Im Dezember 1969 konnten die Konstrukteure beginnen. Die Aufgabenstellung war klar: 3 x 3 m große Plexiglasplatten mußten auf einem Seilnetz mit 75 x 75 cm großen Maschen befestigt werden. Trotz der starren Dachkonstruktion, so stellte sich schon bald heraus, mußte bei Belastung des Seilnetzes mit Winkelverschiebungen und Auslenkungen an den Knotenpunkten gerechnet werden, die bis zu ± 4 cm ausmachen können. Es mußte also eine elastische Befestigungsart für die Plexiglasplatten gefunden werden, die zwar fest ist, um die großen Druck und Zugbelastungen durch Schnee, Winddruck und -sog aufnehmen zu können, die aber trotzdem die Bewegungen der Seilnetzkonstruktion und die temperaturbedingte Ausdehnung der Plexiglasplatten mitmacht. In langen Versuchsreihen wurde ein Schwingelement aus Synthesekautschuk entwickelt, das allen Anforderungen gewachsen ist. Dieser Gummi-Metall-Puffer von METZELER hat eine Höhe von 80 mm. Er wird mit einem M14-Gewinde auf die Seilnetzknotenpunkte aufgeschraubt. Seine Dauerelastizität auch in extremen Temperaturbereichen und seine hohe Bruch- und Reißfestigkeit gestatten Eigenbewegungen der Dachhaut, ohne daß ein unerwünschter Vibrations- oder Flattereffekt eintreten kann. Mit jeweils 16 Puffern werden die 9 qm großen Plexiglasplatten elastisch mit dem Seilnetz verbunden. Insgesamt werden 8300 Platten mit 135 000 Puffern befestigt. Eine zusätzliche Sicherung der Puffer-Konstruktion ist ein 7 mm Ø Drahtseil, das die Platte mit dem Seilnetz verbindet und sie auf dem Dach festhält, auch wenn der Puffer durch mechanische Beschädigungen nicht mehr funktionstüchtig sein sollte.
Ein weiteres Problem war die Verbindung der Platten untereinander zu einer dichten Fläche. Als Fugenbund wurde eine eigens konstruierte Dichtung aus Synthesekautschuk gewählt. Die beiden Seiten des Fugenbandes werden durch ein Aluminiumprofil fest mit den Platten verklemmt. Etwa eine Million Edelstahlschrauben sichern eine dauerhafte Klemmung der Aluminiumprofile an den 50 km langen Fugen aus METZELER-Profilen. Die rund 25 000 Stoßstellen der vorgefertigten Einzelstücke werden teilweise auf dem Dach mit einem eigens konstruierten Gerät vulkanisiert.
Das „Dach ohne Schatten" ist jedoch nicht nur von den Dimensionen her eine spektakuläre Leistung. In München wurde echte Pionierarbeit geleistet. Denn wie sich ein solches Miniaturgebirge aus Plexiglas, Kunstkautschuk, Aluminium und Stahl bei Eis, Schnee und Sturm verhalten wird, war bisher ungeklärt. Spezialisten kamen nach Versuchsreihen an Probedächern in München zu dem Schluß: Es besteht Lawinengefahr! Bei einer Erwärmung werden die auf dem Dach lagernden Schnee- und Eismassen über einen Wasserfilm, der sich auf dem Plexiglas bildet, ins Rutschen kommen. Zwar werden die 14 cm breiten Fugen ein schnelles Gleiten verhindern, trotzdem müssen an besonders gefährdeten Steilhängen, die Steigungswinkel bis zu 80° aufweisen, zusätzlich auf die Puffer spezielle Schneekreuze aufgeschraubt werden.
Um die Tragfähigkeit der Dachhaut in jedem Falle zu gewährleisten, wurden entsprechend hohe Sicherheitszuschläge beim Nachweis eingearbeitet.

Selbst in extremsten Wintern wird die Auflagelast der Schneedecke nicht mehr als 146 kp/qm ausmachen. Die Konstruktion kann aber ohne Schwierigkeiten 280 kp/qm aufnehmen. Um bei Belastung den Druck von einer Platte auf die nächste ableiten zu können und die überhängenden Ränder vor Bruch zu schützen, wurden Stützriegel konstruiert, die die Platten untereinander verbinden und sich auf Gleitlagern an den Aluminiumprofilen den Dachbewegungen anpassen können.
Die Riegel zwischen den Platten dienen allerdings nicht nur der Lastübertragung, sie haben auch beim Blitzschutz des Daches eine entscheidende Funktion. Sie stellen nämlich die elektrische Verbindung der Aluminiumprofile untereinander her. Um die elektrische Spannung in die Unterkonstruktion abzuleiten, werden die Platten durch jeweils zwei Kabel mit dem Seilnetz verbunden. Von hier aus kann der Blitz ohne Schwierigkeiten über die Unterkonstruktion und die Abspannseile in die Erde abgeleitet werden.Umfangreiche wassertechnische Gutachten wurden bereits während der Konstruktionszeit erstellt. Dabei wurde ermittelt, daß die vom Dach ablaufenden Wassermassen bei starkem Regen den auf dem Olympiagelände liegenden See um einige Zentimeter steigen lassen. Auf keinen Fall dürfen größere Wassermengen in das Stadion gelangen. Das Spielfeldniveau liegt tiefer als der Spiegel des Sees. Regenwasser, das nicht zur natürlichen Pflege des Spielfeldrasens dient, muß also abgepumpt werden. Der Bau dieses riesigen Daches war mittlerweile zu einem Wettlauf mit der Zeit geworden. Die zunächst vorgesehene Tagesleistung der Montagegruppe auf dem Dach mußte erhöht werden, denn die Dachfläche mußte bis zu den Olympischen Spielen fertig sein. Daß die Monteure auf dem Dach in Höhen bis zu 50 m angeseilt und an Fallstoppsicherungen arbeiteten, ist verständlich. Die Seilbahn zum Lastentransport, die so konstruiert wurde, daß sie alle Bereiche des Daches schnellstens anfahren konnte, hätte für den Abtransport von Verletzten eingesetzt werden können. Ein Unfallrettungsdienst mit einer gut eingerichteten Notstation und Ärzten stand auf dem Olympiagelände als wirksame Soforthilfe zur Verfügung.
Wer nicht selbst vor dem gigantischen Maschenwerk in München gestanden hat, kann sich kaum die Dimensionen vorstellen. Zahlen können nur einen unvollkommenen Überblick geben. Die Stützen für das Seilnetz sind bis zu 80 m hoch und haben einen Durchmesser von maximal 3,50 m. Eingedeckt wird in einer Höhe bis zu 65 m. Die Neigungswinkel der Dachflächen gehen von 0 bis 80°.

In: „Bauten für Olympia '72", Harbeke-Verlag München, 1972

Untergehängte Decken

Kaefer Gesellschaft für Isoliertechnik m.b.H., Bremen, 1972

Von den Olympia-Bauwerken auf dem Oberwiesenfeld in München haben das Stadion, die Schwimmhalle sowie die Sporthalle durch ihre vieldiskutierte, unbestritten kühne Dachkonstruktion weltweites Interesse gefunden. Zu Unrecht als „größtes Dach der Welt" apostrophiert, wird bei dieser Konstruktion die Dachhaut aus vorgerecktem Acryl-Glas von einem an Masten aufgehängten Seilnetz getragen.

Gegebenheiten
Das Seilnetz wird als ebenes Netz mit 75 x 75 cm großen Maschen am Boden liegend montiert. Durch eine entsprechend abgewickelte Fläche des Seilnetzes läßt sich das Netz beim Hochziehen in die geplante Sattelform bringen. Als Material der Dachhaut, der ausschließlich die Aufgabe des Wetterschutzes zufällt, wurde vorgerecktes Acrylglas gewählt. Diese Platten sind leicht eingetönt, um die Sonneneinstrahlung zu mindern, und werden in serienmäßiger Größe von 3 x 3 m mit dem Seilnetz verbunden. Da sich einerseits die Form der Seilnetzmaschen unter Schnee- bzw. Windlast verändert, andererseits jedoch die Acrylglas-Platten nur bedingt dieser Formveränderung folgen, war eine schwingende Auflage der Platten unter Verwendung von elastischen Kunststoffpuffern erforderlich. An den Seilnetzknoten in Form von Stelzen befestigt, haben die elastischen Kunststoffpuffer die zusätzliche Aufgabe, die Dachhaut punktförmig mit dem Seilnetz zu verbinden.
Die drei Sportstätten, die sich unter einem zusammenhängenden Dach mit einer Gesamtfläche von ca. 80000 qm befinden, sind im Prinzip hinsichtlich der Baukonzeption vergleichbar. Differenzierte Betrachtungen müssen jedoch angestellt werden bei der Lösung bauphysikalischer Probleme.

Bauphysikalische Probleme

Das Stadiondach mit einer Fläche von 34550 qm stellt an die Bauphysik keine speziellen Ansprüche, da dieses Dach aufgrund seiner schleppdachähnlichen, offenen Konstruktion allseitig von atmosphärischer Luft umströmt wird. Dadurch ist gewährleistet, daß die Temperatur sowie die relative Feuchtigkeit der Luft unterhalb wie auch oberhalb des Acrylglasdaches annähernd gleich sind und folglich eine Schwitzwasserbildung weitgehend ausgeschlossen ist.
Im Gegensatz dazu sind die Schwimm- und Sporthalle geschlossene Bauwerke und damit hinsichtlich des Raumklimas besonderen Bedingungen unterworfen, die von der auf der vorgespannten Seilnetzkonstruktion montierten Dachhaut aus Acrylglas nicht erfüllt werden können. Ohne zusätzliche Maßnahme würden mannigfache Einflüsse

das Raumklima so verändern, daß das Behaglichkeitsgefühl der Sportler und der Zuschauer bis zur Unerträglichkeit beeinflußt würde.

Die raumklimaverändernden Einflüsse und ihre Folgen:

1. Wärmeeinstrahlung über die in der Hauptsache aus Acrylglas bestehenden Umfassungsflächen (Fassade und Dach) des Bauwerks im Sommer.
   Folge: Raumtemperaturerhöhung bis zu 50–60° C (Treibhauseffekt).

2. Wärmeentzug über die Umfassungsflächen des Bauwerks im Winter.
   Folge: Reduzierung der Raumtemperatur. Hierbei ist die Unterschreitung der Sättigungstemperatur (Taupunkt) der Raumluft und damit eine Feuchtigkeitsausfällung aus der Luft (Waschkücheneffekt) bzw. ein erheblicher Schwitzwasseranfall an den Umfassungsflächen nicht zu verhindern.

3. Wärmeabgabe der Beleuchtungskörper.
   Folge: Zusätzliche Wärmezufuhr, die im Sommer eine weitere Steigerung der Raumtemperatur verursacht.

4. Wärmeabgabe der Sportler und Zuschauer.
   Folge: In der Sporthalle werden bis zu 14 000 Personen und in der Schwimmhalle max. 9000 Personen mit einer Gesamtwärmeabgabe von ca. 1,4 x 106 kcal/h (entspricht der durch die Verbrennung von 140 l Heizöl pro Stunde freiwerdenden Wärmeenergie) untergebracht. Diese beträchtliche Wärmeabgabe muß zwangsläufig zu einer Raumtemperaturerhöhung führen.

5. Verdunstung des Wassers in den Schwimmbecken.
   Folge: Der relative Feuchtigkeitsgehalt der Raumluft wird durch die permanente Verdampfung des Schwimmbeckenwassers bis zur Sättigung der Raumluft ansteigen. Abgesehen von einer belästigenden Schwitzwasserbildung an den Umfassungsflächen des Bauwerks vermag auch die Raumluft keine weiteren Wasserdampfmengen mehr aufzunehmen und wird bei Erreichen der Sättigung diese Feuchtigkeit ausfällen (Waschkücheneffekt).Trotz eines idealen Klimas in der Schwimmhalle kann eine Verdampfung von ca. 100–120 g/qm Wasseroberfläche und Stunde nicht verhindert werden.

6. Wasserdampfabgabe der in der Sporthalle bzw. Schwimmhalle befindlichen Personen.
   Folge: Auch die Wasserdampfabgabe von Personen ist ursächlich für Schwitzwasserbildung an den Umfassungsflächen des Bauwerks wie auch für die Feuchtigkeitsausfällung der Luft (wie unter Pkt. 5 schon erläutert). Für den Bauphysiker ist es folgenschwer, diese Tatsache zu vernachlässigen. Der menschliche Körper verdampft mindestens 60 g Wasserdampf pro Stunde. Bei den bereits genannten Zuschauerzahlen in Schwimm- und Sporthalle dürften damit stündlich ca. 1400 l

Wasser von den Sportlern und Zuschauern verdampft werden.
Um trotz dieser Einflüsse ein behagliches Klima mit Raumtemperaturen von 22–28° C und einer relativen Luftfeuchtigkeit von 60–65 % zu gewährleisten, ist eine künstliche Klimatisierung unerläßlich.
Durch die Installation von Heiz- und Kälteaggregaten sowie entsprechende Belüftungsanlagen und einer effektvollen Wärmedämmung kann dieses künstliche Klima erzeugt werden, wobei die thermische Isolierung die Schwitzwasserbildung bei niedriger Außentemperatur an den Umfassungsflächen noch zusätzlich verhindert. Zur Konditionierung der Raumluft in der Sport- und Schwimmhalle sind Wärmedämm-Maßnahmen zwingend erforderlich.

Forderungen an das Isoliermaterial
Aufgrund der baulichen Gegebenheiten wurde festgelegt, daß die Wärmedämmschicht als Zwischendecke unter das Seilnetz gehängt werden soll, um eine Kaltdachkonstruktion zu erhalten, die einerseits von der Acrylglas-Dachhaut und andererseits von der Isolierdecke begrenzt wird. Berechnungen ergaben, daß bei intensiver Sonneneinstrahlung im Dachraum Temperaturen bis zu 60° C entstehen können. Im Winter würden sich als niedrigste Temperatur ca. minus 18° einstellen. Bei diesen Verhältnissen ergäben sich wärmetechnisch keine besonderen Schwierigkeiten. Die Problematik lag jedoch darin, daß neben der Einhaltung bestimmter Wärmedämmwerte die Isolierung eine Reihe weiterer Bedingungen erfüllen muß:

1. Die untergehängte Isolierdecke soll dem Verlauf der doppeltgekrümmten Dachhaut folgen, muß also entsprechend flexibel sein.

2. Die untergehängte Isolierdecke soll eine Lichtdurchlässigkeit (Transluzenz) haben, die der Helligkeit einer künstlichen Beleuchtung entspricht. Sie darf mit Rücksicht auf Fernsehübertragungen keine Schlagschatten werfen. Außerdem darf das Lichtspektrum nicht verändert werden.

3. Der Wärmedurchlaß-Widerstand der untergehängten Isolierdecke soll für die Schwimmhalle 1,7 qmh°C/kcal und für die Sporthalle 1,5 qmh°C/kcal betragen. Bemerkung zu 1 und 2: Die Einhaltung der Forderungen aus Punkt 1 und 2 wird erschwert, da die Transluzenz den Wärmedurchgang durch Strahlung begünstigt.

4. Die Konstruktion der untergehängten Isolierdecke muß so gewählt sein, daß sie sowohl im einzelnen Isolierelement als auch in der Verbindung einzelner Isolierelemente untereinander einen hohen Dampfdiffusions-Widerstand aufweist.

5. Alle verwendeten Materialien müssen schwer entflammbar sein und dürfen im Brandfalle nicht abtropfen.

6. Die Konstruktion muß so gewählt sein, daß sie ohne Verwendung herkömmlicher Gerüste unmittelbar vom Seilnetz aus montiert werden kann (max. Höhe ca. 40 m).

7. In statischer Hinsicht muß die untergehängte Isolierdecke so ausgebildet sein, daß sie mit einer Punktlast von ca. 100 kp kurzzeitig belastet werden kann, um den Zwischenraum Dachhaut/Isolierdecke inspizieren zu können. Diese Forderung wurde nicht zuletzt auch erhoben, um den Monteuren, die die Dachhaut später montieren, entsprechenden Unfallschutz in Form eines Fangnetzes zu bieten. Bemühungen, ein den Forderungen entsprechendes herkömmliches Isoliermaterial zu finden, blieben erfolglos. Des weiteren war klar, daß die üblicherweise im Hochbau angewandten Montagetechniken für die Sport- und Schwimmhalle keine Lösung bieten. Neue Wege mußten gefunden werden.

Entwicklung
Im Rahmen eines Ideenwettbewerbes entwickelte die Fa. Kaefer zunächst ein Isoliermaterial, welches im Aufbau einem Reetdach (Strohdach) ähnlich ist, jedoch aus gebündelten Kunststoffhalmen bestand. Diese Halme hatten einen äußeren Durchmesser von ca. 3 mm und wurden nach einem bestimmten Polymerisationsvorgang miteinander zu einem Bündel vereinigt.
Dieses in kürzester Zeit neu konzipierte Wärmedämm – Material entsprach weitgehend den Forderungen. Um die Sport- und Schwimmhalle mit diesem Isoliermaterial ausrüsten zu können, wären 230 000 km dieser Halme nötig gewesen. Die Trinkhalm-Industrie sah sich außerstande, termingerecht (4 Monate) diese Quantität zu produzieren, zumal dieser Bedarf die Weltjahresproduktion an Trinkhalmen übersteigt.
Aufgrund weiterer Entwicklungsarbeiten konnte die Fa. Kaefer ein Isoliermaterial vorschlagen, das aus glasklarem PVC gefertigt ist und damit eine hohe Lichtdurchlässigkeit aufweist. Es handelt sich dabei um ca. 40 μ dicke Folien, die in einem thermoplastischen Verfahren verformt sind, so daß Zacken mit einer Höhe von ca. 5 mm entstehen. Um die gewünschte Isolierdicke zu erreichen, werden die Folien übereinandergestapelt und untereinander verschweißt, so daß eine blätterteigähnliche Struktur entsteht. Man erhält damit eine leichte, flexible, sprungelastische und lichtdurchlässige Isolierplatte.
Um Unterlagen über das Wärmedämmvermögen dieses neuartigen Isolierkörpers zu erhalten, wurde das Forschungsinstitut für Wärmeschutz e. V., München, mit der Erstellung entsprechender Gutachten beauftragt. Die durchgeführten Messungen hatten zum Ergebnis, daß die mittlere Wärmeleitzahl, bezogen auf eine Raumtemperatur von 20° C, 0,07 kcal/qm°C betrug. Daraus ergibt sich, daß bereits eine Isolierdicke von 100 mm den gleichen Wärmeschutz bietet wie eine ca. 65 cm dicke Mauer aus Ziegelsteinen.
Nunmehr galt es, Materialien zu finden, welche die tragende Funktion für die Isolierplatten übernehmen konnten.
Schon von der Form des Bauwerks her war zu erkennen, daß dafür – ähnlich wie im Zeltbau – nur Planenmaterialien eingesetzt werden können. Wenn auch die Belastung aus dem Gewicht des Isolierstoffes nur gering ist, mußte die Trageplane dennoch hohe Festigkeiten aufweisen, da das Seilnetz durchaus kein starrer Konstruktionsteil ist, sondern sich vielmehr in bestimmtem Umfang durch Windangriff und Schneelast verformt.

Um diese Verformung nicht auch auf die Plane zu übertragen, muß diese mit erheblicher Vorspannung montiert sein.
Des Weiteren muß die Begehbarkeit während der Montage sichergestellt werden. Die Entscheidung fiel nach eingehenden Untersuchungen zugunsten eines transluzenten kunststoffbeschichteten Gewebes aus Trevirahochfest.
Die Fa. Kaefer entwickelte aus dem blätterteigähnlichen Isolierkern und Planen ein Isolierelement, das aus der transluzenten Trageplane und einer den Isolierkern kastenförrnig umhüllenden Oberplane besteht. Diese Konzeption fand bei der Bauherrschaft und der Architektengruppe volle Zustimmung.
Nach eingehenden Prüfungen durch Materialprüfämter, Institute und Branddirektion wurde bestätigt, daß das Isolierelement den vorerwähnten Forderungen entspricht. Es wurde bestimmt, daß die Sport- und Schwimmhalle mit diesem Isoliermaterial ausgerüstet werden.

Abwicklung
Nachdem der grundsätzliche Aufbau der Elemente festlag, galt es, Methoden für das Zuschnittverfahren und die Montagetechnik zu entwickeln. Dies geschah in enger Zusammenarbeit zwischen der Fa. Kaefer, dem Institut für leichte Flächentragwerke, Stuttgart und den Architekten.
Basis für die Planung waren im Wesentlichen die nachstehenden Punkte:

1. Obwohl die Dachfläche in jedem Punkt doppeltgekrürmmte Flächen besitzt, läßt sich eine entsprechende Formgebung – auch bei Verwendung planebener Einzelelemente – durch bestimmte Zuschnittsverfahren und durch die richtige Anordnung der Abhänger erreichen.

2. Es kann davon ausgegangen werden, daß das Verhalten der Decke nur von der Trageplane bestimmt wird. Der Einfluß der Isolierkoffer ist dabei ohne große Bedeutung.

3. Die Isolierdecke muß unter einer gewissen Vorspannung stehen, damit ihre Lage durch die ständigen Veränderungen im Seilnetz bei Wind und Schnee nicht beeinflußt wird. Dabei ist zu berücksichtigen, daß neben horizontalen und vertikalen Bewegungen auch Verdrehungen, d. h. Winkelverschiebungen, in der Seilkonstruktion auftreten.

4. Alle das Spannen der Trageplane behindernden Einbauteile und dabei insbesondere Schienen sind unbedingt zu vermeiden.

5. Die Abhänger müssen so konstruiert sein, daß an der Tragefolie keine unzulässig hohe Kantenpressung auftritt.

6. Bei allen Überlegungen hinsichtlich Montagetechnik muß davon ausgegangen werden, daß die Befestigung der Isolierdecke ausschließlich vom Seilnetz, d. h. von oben her, erfolgen kann.

Für die Festlegung des Zuschnittes standen Modelle der Dachhaut im Maßstab 1:100 zur Verfügung. In langwierigen Meßreihen wurde zunächst für die zu isolierende Fläche eine Grobaufteilung in Einzelsektionen erarbeitet. Daraus und unter Berücksichtigung der fertigungstechnischen Möglichkeiten ergab sich für das einzelne Isolierelement ein Grundmaß von ca. 2 m Breite und 8 m Länge.
Aufgrund der Modellüberlegungen ließ sich weiterhin erkennen, daß es sinnvoll sein dürfte, die Einzelelemente schon vor der eigentlichen Montage zu Großelementen zusammenzufassen.

Montagetechnik
Die Isolierelemente mit dem Grundmaß 2 x 8 m wurden im Schweißverfahren verbunden. Die so in der Produktionsstätte entstandenen Großelemente mit einer durchschnittlichen Größe von 200 qm wurden gefaltet in Containern per Lkw zum Verwendungsort transportiert. Hier wurden diese Großelemente (vorfabrizierte Fertigungseinheiten) unter Verwendung eines speziellen Schraubverschlusses zu Sektionen mit einer durchschnittlichen Fläche von 1000 qm zusammengefügt. Parallel zu diesem Arbeitsgang werden die als Abhängekonstruktionen dienenden Trageteller an den Isolierelementen befestigt. Die Form der Teller entspricht einem Kleeblatt. Sie bestehen aus kunststoffüberzogenem Federstahl und haben einen Durchmesser von ca. 1,20 m. Damit werden die auftretenden Kräfte über große Flächen verteilt, und eine unzulässig hohe Kantenpressung an der Trageplane vermieden.
Für die Telleraufhängung werden am Seilnetz Traversen montiert, die nach allen Richtungen verschiebbar sind, um eine Arretierung der Abhänger an jedem beliebigen Punkt des Seilnetzes zu ermöglichen.
An den Tragetellern werden nunmehr Seile befestigt, mit denen unter Einschaltung von am Seilnetz befestigten Umlenkrollen die vormontierten Großsektionen unter die Seilkonstruktion gezogen werden.
Nach diesem Hebevorgang werden die an den Isolierelementen befestigten Trageteller mit den Traversen in der Seilkonstruktion verbunden. Danach gilt es, vom Seilnetz aus die einzelnen Großsektionen mit Hilfe einer Verschnürung untereinander zu koppeln. Nach Herstellung dieses Verbundes wird die Abhängekonstruktion einjustiert und die gesamte Decke membranartig gespannt. Der unvermeidliche Nahtbereich (Schweiß-, Schraub- und Schnürkupplungen) wird mit transluzentem Isoliermaterial ausgelegt und wird durch Folien, die in ihrem Randbereich mit den Grundelementen verschweißt werden, wasserdicht abgedeckt.
Im Bereich der Seildurchdringungen zur Verspannung der Masten, Abhängung von Beleuchterbühnen o. ä., werden besondere Konstruktionen gewählt, über deren konstruktive Ausbildung im Rahmen dieses Aufsatzes nicht näher eingegangen werden soll.
Die durch membranartige Verspannung der untergehängten Decke auftretenden Kräfte werden zum großen Teil in die Randseile im Fassadenbereich eingeleitet. Zur Kraft-

übertragung dienen – ähnlich wie im Zeltbau – Rohre, die in die schlingenartig gearbeitete Unterplane eingelegt sind. Durch diese Konstruktion ist weitgehend sichergestellt, daß eine gleichmäßige Lastverteilung über den gesamten Planenbereich eintritt. Durch Spannschrauben im Peripheriebereich (Fassade) ist eine weitere Justier- und Spannmöglichkeit der untergehängten Wärmedämmdecke gegeben.

Schlußwort
Aus diesen Ausführungen ergibt sich, daß neben der Entwicklung eines speziellen Isoliermaterials völlig neue, bis dahin weitgehend unbekannte Wege für Vorfertigung und Montage beschritten werden mußten. Rückblickend kann festgestellt werden, daß zwar die Entwicklung neuer Materialien zunächst Kern des Problems war, daß jedoch erst die Lösung der mit dem Zuschnitt und der Montagetechnik zusammenhängenden Fragen eine derartige Konstruktion möglich machten.
Für die Zukunft dürften aufgrund der bei den Olympiabauten gewonnenen Erkenntnisse den Architekten neue Wege beim Einsatz Leichter Flächentragwerke erschlossen worden sein.

In: „Bauten für Olympia'72", Harbeke-Verlag München, 1972

Verzeichnis der Planungsbeteiligten und ausführenden Firmen für die Hauptsportstätten

Bauherr
Olympia-Baugesellschaft mbH
Hauptgeschäftsführer Carl Mertz

Gesamtentwurf Olympiapark
Architekten Behnisch & Partner
Günter Behnisch, Fritz Auer, Winfried Büxel, Erhard Tränkner, Karlheinz Weber
mit Prof. Jürgen Joedicke, Stuttgart/München

Landschaftsarchitektur
Entwurf, Ausführungsplanung und künstlerische Oberleitung
Günther Grzimek, Kassel/München
Gerd Linder, Peter Prinz, Horst Jürgen Schliep, Zdenek Zvolsky
mit Behnisch & Partner

Gesamtplanung
Karlheinz Weber, Karla Kowalski, Jürgen Krug, Wendelin Rauch, Udo Welter

Hauptsportstätten
Entwurf, Ausführungsplanung und künstlerische Oberleitung
Architekten Behnisch & Partner

Übergreifende Funktion
Frohmut Kurz, Hermann Peltz

Stadion
Hans Beier, Helmut Beutel, Horst Friedrichs Eberhard Heilmann, Tina Häcker, Konrad Müller, Adolf Schindhelm, Horst Stockburger

Sporthalle
Berthold Rosewich, Gerd Eicher, Lothar Hitzig, Wolfgang Illgen, Jürgen Langer, Lucio Parolini, Ulrich Zahn

Schwimmhalle
Jörg Bauer, Godfrid Haberer, Peter Rogge, Wilfried Wolf

Überdachung
Entwurf, Ausführungsplanung und künstlerische Oberleitung
Architekten und Ingenieure

Behnisch & Partner	Fritz Auer, Winfried Büxel, Johannes Albrecht, Horst Stockburger, Cord Wehrse
Frei Otto	Ewald Bubner, Ulrich Hangleitner, Mattias Kreuz
Leonhardt und Andrä	Jörg Schlaich, Rudolf Bergermann, Knut Gabriel, Günter Mayr, Ulrich Otto

Öffentlichskeitarbeit und Baudokumentation
Christian Kandzia

Beratende Ingenieure, Institute
Bauphysik und Materialtechnik: Prof. Wilhelm Schaupp
Prüfingenieur: Prof. Herbert Kupfer
Messmodelle: Institut für Leichte Flächentragwerke, Technische Universität Stuttgart, Prof. Frei Otto
Tages- und Kunstlichtverhältnisse: Institut für Lichttechnik, Technische Universität Berlin, Prof. Jürgen Krochmann
Bodenmechanik: Institut für Grundbau und Bodenmechanik,Technische Universität München, Prof. Richard Jelinek
Vermessung: Institut für Anwendung der Geodäsie im Bauwesen Technische Universität Stuttgart, Prof. Klaus Linkwitz
Mathematisch-elektronische Berechnung Sporthalle: Institut für Statik und Dynamik der Luft- und Raumfahrtkonstruktionen, Technische Universität Stuttgart, Prof. John H. Argyris
Windkanaluntersuchungen: Bayerische Landesgewerbeanstalt München

Stahlbauarbeiten
Arbeitsgemeinschaft Stahlbau Dach, Aug. Klönne, Dortmund,
Friedrich Krupp GmbH, Maschinen- und Stahlbau, Rheinhausen,
Rheinstahl-Union AG, Dortmund, Steffens & Nölle GmbH, Berlin,
Vereinigte Österreichische Eisen- und Stahlwerke AG, Linz,
Waagner-Biro AG, Wien/Graz

Dachhaut
Arbeitsgemeinschaft Olympia-Lichtdach,
Rheinhold & Mahla GmbH, Mannheim, Schöninger GmbH München

Abgehängte Unterdecken
Kaefer Gesellschaft für Isoliertechnik mbH, Bremen

Fachingenieure

Stadion

Statik	Heinz Isler mit J. H. Cordes
Elektro	BMS Ing.-Gesellschaft
Sanitär, Heizung, Lüftung	Brandi Ing.-Gesellschaft

Sporthalle

Statik	Dr.-Ing. Gustav Scholz
Elektro	Roland Gackstatter
Sanitär, Heizung, Lüftung	Brandi Ing.-Gesellschaft
Hallenakustik	Müller BBM

Schwimmhalle

Statik	Dr. Otto Höllerer
Elektro	Ing.-Büro Barth
Sanitär, Heizung, Lüftung	Brandi Ing.-Gesellschaft

Brücken
Ingenieurbüro für Bauwesen Dr. Ing. Rudolf Grimme

Sparten, Koordination und Wasserbauwerke
Regierungsbaumeister Schlegel GmbH, Ingenieurbüro für Straßen- und Wasserbau

Verkehrsplanung
Ingenieurbüro für Verkehrswesen Ulrich Hundsdörfer

Bauleitung
Olympiastadion, Sporthalle, Schwimmhalle
Ingenieurgemeinschaft Olympia-Bauten (INGE)
DIWI Gesellschaft für Ingenieurberatung mbH, Essen
Ingenieurgemeinschaft Rüping mbH, Düsseldorf

Chronologie 1965 bis 1971

Bewerbung der Stadt München – Richtfest für das Zeltdach

30. Dezember 1965
Die Landeshauptstadt München übergibt in Lausanne dem Internationalen Olympischen Komitee (IOC) ihre Bewerbung als Austragungsort für die XX. Olympischen Sommerspiele 1972. Außer München bewerben sich Detroit, Montreal und Madrid.

26. April 1966
Das IOC vergibt in Rom die Spiele an München.

2.Dezember 1966
Das Organisationskomitee beschließt, einen nationalen Wettbewerb für das Oberwiesenfeld auszuloben.

1. Februar 1967
Die Landeshauptstadt München schreibt den „Ideen- und Bauwettbewerb für die Bauten und Anlagen der XX. Olympischen Spiele 1972 auf dem Oberwiesenfeld in München" aus.

Februar 1967
Behnisch & Partner entschließen sich zur Teilnahme.

ab März 1967
Beginn der Wettbewerbsbearbeitung in der Bürodependence Kemnat, zunächst nur Fritz Auer und Karlheinz Weber
Grundsatzentscheidung, im Gegensatz zu früheren Austragungsorten Berlin 1936, Rom 1960, Tokio 1964, für eine „Nicht-Architektur"
Kontaktnahme zu Jürgen Joedicke zwecks Findung eines Tragwerksplaners. Joedicke empfiehlt Heinz Isler, möchte aber am Wettbewerb mitwirken.

April 1967
Auer und Weber besichtigen das Wettbewerbsgelände und kommen zur Überzeugung, dass der Schwerpunkt der Hauptsportstätten, entgegen der Forderung nach „kurzen Wegen", nicht im nördlichen, sondern im südlichen Teil des Geländes in Nachbarschaft zum Schuttberg und Fernsehturm liegen sollte.

ab Mai bis Anfang Juli 1967
Wettbewerbsbearbeitung
Cord Wehrse kommt zur Wettbewerbsgruppe.
Geländemodellierung mit Sägemehl und Wegeführung mit Wollfäden im Maßstab 1:1000

Aufweitung des Nymphenburger Kanals zum See
Zunächst schalenartige Einzelüberdachungen der Hauptsportstätten
Wehrse bringt Zeitungsfoto vom Deutschen Pavillon auf der Expo '67 in Montreal (Rolf Gutbrod, Frei Otto, Fritz Leonhardt).
Erste Versuche einer Überdachung nach dem Montreal-Prinzip mit Strumpfrohlingen
Joedicke plädiert dafür, dieses Prinzip durchgehend über alle drei Arenen anzuwenden, um eine zusammenhängende „Großform" zu schaffen.
Isler lässt sich überzeugen und ermutigt das Team, in diese Richtung weiterzuarbeiten
Godfried Haberer kommt zum Team, Winfried Büxel übernimmt den Entwurf der Zentralen Hochschulsportanlage (ZHS).

3. Juli 1967
Abgabe der Wettbewerbsarbeit in Plänen Maßstab 1:2500, Maßstab 1:200 und im Modell Maßstab 1:1000

13. Oktober 1967
Preisgerichtsentscheidung unter Vorsitz von Egon Eiermann
1. Preis an Behnisch & Partner – Günter Behnisch, Fritz Auer, Winfried Büxel, Erhard Tränkner, Karlheinz Weber – mit Jürgen Joedicke
Bedenken des Preisgerichts bezüglich der vorgeschlagenen Überdachung in dieser Größenordnung (Montreal ca. 800 qm, München ca. 75 000 qm überdachte Grundfläche)

16. Oktober 1967
Anruf von Paul Löwenhauser, Technischer Direktor der Olympia-Baugesellschaft (OBG)
Gratulation zum Wettbewerbsgewinn und Vorschlag eines Treffens mit Behnisch vor der Ausstellungseröffnung

19. Oktober 1967
Wettbewerbsausstellung in München

9. November 1967
Besprechung zum Thema Überdachung
Teilnehmer u. a.
Löwenhauser, Isler, Otto, Leonhardt, Behnisch und alle Partner
Löwenhauser: Problem der Windanfälligkeit
Leonhardt: Vorschlag, anstelle transparenter Haut u. a. Perlite-Beton

14. November 1967
Schreiben OBG an Behnisch & Partner:
„Der Aufsichtsrat der Olympiabaugesellschaft wird über das Zelt erst nach Klärung der vom Preisgericht festgestellten technischen Probleme und unter Bewertung der Wirtschaftlichkeit der Konstruktion seine Entscheidung treffen."

Bitte, „zu überlegen, ob durch richtig bemessene, zweckentsprechende Formung des Hängedaches eine Lösung gefunden werden kann, die ohne Minderung der Qualität der Konzeption zu einem besseren Ergebnis führt. (…) Es kann nicht nur eine Form geben die sich als einzige dem Ganzen in richtiger Weise zuordnen lässt."

16. November 1967
Dr. Finsterwalder (Dyckerhoff & Widmann) schlägt anhand von Holzformmodellen drei Einzelbaukörper vor.

22. November 1967
Isler schickt Fragenkatalog der OBG an Leonhardt und Otto
u. a.:

- In welchem Maße kann Montreal als Vorbild für das Münchner Projekt dienen?
- Nennen Sie drei mögliche Dacheindeckungen
- Kostenanschlag
- Hat man es wegen der Vergrößerung der Gesamtfläche und der Spannweite gegenüber Montreal mit einem grundsätzlich neuen Bausystem zu tun?

30. November 1967
Leonhardt antwortet auf die Fragen von Isler, u. a. zu Möglichkeiten der Dacheindeckung:

1. Perlite-Betonschicht

2. Sperrholztafeln mit aufgeklebter Dachhaut

3. Großflächige transparente Kunststofftafeln, etwa wie Scobalit

4. Metalltafeln mit geeigneter Beschichtung

11. Dezember 1967
Schreiben der Arbeitsgemeinschaft Leichte Flächentragwerke Stuttgart,
(Stromeier Konstanz, Wolf & Müller Stuttgart, Felten & Guilleaume Köln,
Steffens & Nölle Berlin, Haushahn Stuttgart) an Behnisch
u. a.:
„Wir teilen Ihnen mit, dass wir die Auffassung vertreten, dass der von Ihnen vorgeschlagenen Entwurf nicht nur technisch allen Anforderungen genügt, sondern auch bezüglich der Kosten je Quadratmeter überdachter Grundfläche niedriger als jede andere Konstruktionsart liegen wird."

13. Dezember 1967
Schreiben Prof. Anton Gattnar, TU München an Behnisch
u. a.:

„(…) ob und inwieweit bei den Olympiabauten moderne Holzkonstruktionen sinnvoll, zweckmäßig und wirtschaftlich anzuwenden wären."

14. Dezember 1967
Die Professoren Leonhardt, Rüsch und Burkhardt, beide TU München, schreiben an OBG
u.a., dass
- aus technischen und wirtschaftlichen Gründen es nicht sinnvoll ist, ein Dach in dieser Form und diesem Ausmaß zu bauen,
- es dem Bauherrn nicht zu empfehlen ist, nur die vom 1. Preisträger vorgeschlagene Lösung ohne Prüfung echter Alternativen der Planung zu Grunde zu legen.

19. Dezember 1967
Die OBG bittet weitere Preisträger, auf Abgüssen des Modells des 1. Preisträgers Dachalternativen zu entwickeln gegen Unkostenerstattung von 5000 DM
Besprechung mit Prof. Gattnar, dessen Assistent Julius Natterer, Isler, Otto, Auer, Weber
Vorschlag:
Großformatige Holzschalen, Maste in Schleuderbeton (Otto widerspricht)
Gattnar verspricht sich politische Unterstützung von Stadt und Land
(ca. 100000 cbm „Sturmholz")

21. Dezember 1967
Zweites Schreiben der Arbeitsgemeinschaft Leichte Flächentragwerke an Behnisch:
„Wir sind zu folgendem Ergebnis gelangt:
Die Dachkonstruktion genügt den technischen und wirtschaftlichen Anforderungen und lässt sich einwandfrei ausführen. Die ausführliche Kalkulation (…) ergab, dass wir die gesamte Hängedachkonstruktion einschließlich der Gründungsarbeiten zu einem Preis von 250 DM je Quadratmeter überdachter Grundfläche ausführen können."

21. Dezember 1967
Schreiben Behnisch an OBG als Antwort auf Schreiben vom 19. Dezember 1967
Kein Einverständnis zur Weiterreichung unseres Modells an andere Preisträger und Ankündigung einer rechtlichen Überprüfung

27. Dezember 1967
Übergabe eines Gutachtens des Instituts für Sportstättenbau des Deutschen Sportbundes (DSB) vom 19. Dezember 1967 „zu funktionellen Belangen der Arbeiten des ersten und dritten Preisträgers"

Fazit:
„Mit Rücksicht auf die Verantwortung, die Planer, Konstrukteure und Berater bei der Bedeutung der Aufgabe zu tragen haben, kann der Verfasser des Gutachtens sich nicht für die weitere Verfolgung einer Lösung in Zeltform aussprechen. Sollten gute Ersatzlösungen für die Bauten im Entwurf des 1. Preisträgers nicht zu erlangen sein, tritt er für eine konsequente Weiterbearbeitung der Arbeit des 3. Preisträgers ein."

9. Januar 1968
Schreiben von Friedrich Krupp Universalbau an Behnisch & Partner:
„Aufgrund einer überschläglichen technisch, konstruktiven und technologischen Untersuchung sind wir zu der Auffassung gelangt, dass die Überdachung der Olympia-Anlagen in München in der von Ihnen geplanten Technik und Form realisierbar ist.
Die überschlägliche Richtpreisermittlung hat ergeben, dass die nicht wärmeisolierten Überdachungen zu einem Preis von je m² überdeckte Fläche nicht mehr als 325,00 DM herzustellen sind.
Als Zulagepreis für die Temperaturisolierung der Dachhaut können Sie je nach gewünschtem Wärmedurchlasswiderstand für eine als dauerhaft anzusehende Isolierung 20,00 bis 30,00 DM je m² ansetzen.
In diesen Kostenschätzungen sind enthalten:

- Lieferung und Montage der Membran
- Lieferung und Montage der Seilnetzkonstruktion
- Lieferung und Montage der Pylone und aller Fundamente
- Technische Bearbeitung"

12. Januar 1968
Schreiben Behnisch an Otto mit der Bitte, zu unserem Entwurf der Dachkonstruktion Stellung zu nehmen.

12. Januar 1968
Schreiben Behnisch an Leonhardt:
„Sehr geehrter Herr Professor Leonhardt,
für unser heutiges Gespräch möchte ich mich herzlich bei Ihnen bedanken.
Wir sind sehr froh darüber, dass Sie weiterhin die in unserem Entwurf vorgesehene (überarbeitete) Dachlösung unterstützen und dass Sie bereit sind, als ‚Rechner' oder als Prüfer an der Realisierung dieses Daches mitzuwirken.
Wir haben die Absicht, in München zu demonstrieren, wie eine Gemeinschaft freiberuflicher Architekten und Ingenieure zu einer einheitlichen, guten Lösung geführt werden kann. Ich glaube, dass diese Aufgabe den hohen Einsatz lohnt."

13. Januar 1968
Vermerk Isler
Stellungnahme zu einem Angebot von sechs Alternativlösungen für die Dachkonstruktion

1. Vorschlag Kupfer, Gattnar, Natterer
Radialstrangnetz. Verleimte Aussteifungsträger aus Holz.
Brettschalung. Traditionelle Dachhaut. Verwendung einheimischen Holzes.
Bei Geometrisierung der Formen (Untervariante) wirtschaftlichere Herstellung der Flächenteile.

2. Vorschlag Dr. Stein
Eindeckung mit biegesteifen vernieteten Profilblechen in doppelter Lage. Vermutlich nur ausführbar bei Geometrisierung der Form.

3. Vorschlag Mero
Raumfachwerk aus Merostäben.
Konsequente Geometrisierung der Formen.
Traditionelle Dachhaut.

4. Vorschlag Dyckerhoff I.
Großformen mit sehr flachen Hängedächern. Konsequente Alternative.
Prinzip auf alle 3 Bauten abwandelbar. Blechdach.
Baubarkeit (Schwingungen des Stadiondaches mit freiem Rand) und Wirtschaftlichkeit (große Kräfte) wären noch detailliert nachzuweisen.

5. Vorschlag Dyckerhoff II.
Gratseil auf A-Pylonen, symmetrische Hängedächer tragend.
Formal Zwischending

6. Vorschlag Behnisch Isler
Spannbetonschalen (folgt).

15. Januar 1968
Schreiben des Bund Deutscher Architekten (BDA) an Behnisch
Mitteilung, dass am 12. Januar Telegramme an die für die Erarbeitung von Dachvarianten aufgeforderten Preisträger gingen mit folgendem Wortlaut:

„Der Ihnen von Olympia-Baugesellschaft erteilte Auftrag erfolgte ohne Wissen und Zustimmung von Behnisch und verstößt gegen Urheberrechtsgesetz vom 9.9.1965. Machen aufmerksam auf mögliche Rechtsfolgen."

16. Januar 1968
Schreiben Otto an Behnisch & Partner
Antwort auf Anfrage Behnisch vom 12. Januar:
„(…) Auf Einzelheiten einzugehen ist (…) verfrüht.
Dennoch kann ich bereits von Ihrem Vorentwurf sagen:

1. Ihr Projekt des Daches ist grundsätzlich realisierbar

2. (...) Ich habe [jedoch] kein Problem entdecken können, das nicht im Zuge der Bearbeitung gelöst werden könnte

3. (...)

4. (...)

5. Das Dach ist voraussichtlich einmalig wirtschaftlich insbesondere bezogen auf die überdachte Fläche (...)

6. (...) Die Ähnlichkeit mit dem Deutschen Pavillon in Montreal wird dann sicher eine Abminderung erfahren.

7. (...)

8. Als besonders wichtig halte ich es aber, dass es Ihnen mit Hilfe des Bauherren in bester Zusammenarbeit gelingen möge, ein bestmögliches funktionstüchtiges Team aus den bestmöglichen Fachleuten und Menschen zusammenzustellen. Sie haben in diesem Punkt eine einmalige Möglichkeit aber auch eine einmalige Verantwortung, die Ihnen wohl niemand abnehmen kann."

19. Januar 1968
Schreiben OBG an die zur Erarbeitung von Dachalternativen aufgeforderten Preisträger:
„Sehr geehrte Herren,
mit unserem Schreiben vom 19. Dezember 1967 hatten wir Ihnen ein Modell zur Verfügung gestellt und gebeten, uns Vorschläge zu Dachformen zu geben.
Wir bitten Sie, das Ihnen überlassene Modell nunmehr an uns zurückzusenden. Das bedeutet, dass Modelle für Dachformen, um die wir Sie gebeten hatten, außerhalb des Modells – also beweglich – gestaltet werden sollten."

19. Januar 1968
Übergabe des Arbeitsberichts von Behnisch & Partner an die OBG, in dem die Ergebnisse der bisherigen Arbeit zusammengefasst sind, u. a. mit Stellungnahmen namhafter in- und ausländischer Ingenieure.

22. Januar 1968
Schreiben Leonhardt an Behnisch:
„In der letzten Besprechung verblieben wir, wie Sie mit Ihrem Brief vom 12. Januar 1968 bestätigen, dass eine Gemeinschaft freiberuflicher Architekten und Ingenieure die einheitliche gute Lösung erarbeiten müsse. Eine solche Kooperation ist nötig und zu dieser erkläre ich mich bereit.

Leider sind nun inzwischen auf Ihre Veranlassung hin BDA-Telegramme eingetroffen. Ich hatte Sie vor dieser BDA-Aktion nachdrücklich gewarnt und war der Meinung, dass sie unterbliebe. Ich musste hören, dass Sie über mich schimpfen, weil ich mich für den Bauherrn gutachterlich äußerte. Dies wurde in Ihrem Beisein in Ihrem Büro bei meiner ersten Begegnung mit Herrn Löwenhauser vereinbart. Sie wissen sehr wohl, dass ich dabei der Münchner Auffassung, das Zelt sei nicht baubar, entgegentreten musste. Andererseits sollen die zu lösenden Schwierigkeiten nicht verschwiegen werden. Sie werden sich erinnern, dass ich bei dem ersten Gespräch mit mir in Ihrem Büro schon die Frage stellte, ob das Zeltdach in den gewählten Abmessungen und Größen sinnvoll sei. Sie haben die Zeltgröße inzwischen selbst reduziert und wiederholt erklärt, dass an dem Zelt noch ernsthaft gearbeitet werden müsse (...).
Alles, was ich bisher tat, geschah um Ihrer wirklich überzeugenden Wettbewerbsidee zum Erfolg zu verhelfen, wenn auch mit verkleinerten Zeltdächern.
Mehr und mehr muss ich feststellen, dass auf Ihrer Seite die Bereitschaft zu einer vertrauensvollen Zusammenarbeit, wie sie für solche Aufgaben unbedingt nötig ist, fehlt, und ich muss Ihnen erklären, dass ich mich aus der ganzen Angelegenheit zurückziehe, wenn hier nicht ein ernsthafter Wandel eintritt."

17. Februar 1968
Übergabe Machbarkeitsreport der Ingenieurgruppe Severud/New York vom 13. Februar zum Überdachungsprinzip an OBG
Auszug:
„The architectural design of the stadium is very beautiful, and the concept is unusual and unique. The various sites for different sports-activities are united by a floating and continuous roof. The roof is original in character as well as being very exciting in form and in these respects it cannot be matched by any other type of roof. The proposed solution seems to be a very pleasing and successful one, not only because of its attractive appearance but also because, in our opinion, there is no other solution which would be as economical for the large spans under consideration. The system has an inherent flexibility so that any change in architectural layout is possible. Uniformity and economy can be achieved since only one structural system is functioning as a combined roof for various types of buildings (...).
Finally we would like to state that judging from our experience in the design of cable roofs the proposed structure can be thoroughly and completely analyzed beyond any doubt. Stresses and deformations for any loading can be correctly determined by the use of computers and can be confirmed by testing of a structural model."

17. Februar 1968
Besprechung mit der „Gruppe beratender Ingenieure für die Überdachung der Sportstätten" (Gattnar, Kupfer, Leonhardt, Otto, Polony, Isler) bei Behnisch & Partner in Stuttgart
Übereinstimmende Erklärungen, dass das Hängedach in der weiterentwickelten Fassung als vorgespanntes Stahlnetzdach mit schalenartig wirkender Holzkonstruktion ausführbar und aufgrund der günstigen Konstruktion mit geringen Gesamtkosten zu rechnen ist.

28. Februar 1968
Sitzung des Bauausschusses der OBG (Vorsitz Finanzminister Konrad Pöhner)
Vorstellung und Vortrag der Verfasser des 1. und 3. Preises

Erläuterung der punkt- und umfanggestützten Überdachung durch Behnisch und Joedicke
Beim 3. Preis (Heinle und Wischer) wird festgestellt, „dass die Topographie des 1. Preises die beste sei, aber man könne beide [1. und 3. Preis] gut zusammenspannen."
Die Dachformen des 3. Preisträgers erschienen eleganter. Andere Projekte seien nicht wesentlich billiger als der 1. Preis.
Stellungnahme Löwenhauser OBG:
„Er könne nicht empfehlen, aus Kostengründen einen anderen als den vom Preisgericht vorgeschlagenen Entwurf zu realisieren."

1. März 1968
3. Sitzung des Aufsichtsrates (Vorsitz Bundesfinanzminister F. J. Strauß)
Beschluss:
„In Übereinstimmung mit dem Urteil des Preisgerichts im Architekten-Wettbewerb für die XX. Olympischen Spiele in München wird der mit dem 1. Preis ausgezeichnete Entwurf der Architekten Behnisch und Partner, Stuttgart, der Gesamtkonzeption für die Olympischen Sportstätten auf dem Oberwiesenfeld in München zugrundegelegt.
Da das bisherige, durch Fachgutachten gesicherte Prüfungsergebnis für die punktgestützte Hängekonstruktion (Dach über den Sportstätten) im gegenwärtigen Zeitpunkt keine vorbehaltlose Zustimmung ermöglicht, die Grundsatzentscheidung jedoch jetzt getroffen werden muss, sollen der Planung sowohl punkt- als auch umfanggestützte Hängewerke zugundegelegt werden.
Der Aufsichtsrat sieht entsprechend der Empfehlung des Organisationskomitees von einem Wettbewerb für das Olympische Dorf ab. Er ersucht die Geschäftsführung, die 3. Preisträger, Prof. Heinle und Wischer mit der Planung des Olympischen Dorfes zu beauftragen. Dabei ist darauf zu achten, dass sich das Olympische Dorf hinsichtlich der landschaftlichen und städtebaulichen Gestaltung in das Gesamtkonzept des 1. Preisträgers einpasst. Hinsichtlich des später als Studentenstadt zu verwendenden Teiles des Olympischen Dorfes sind die Architekten Wirsing und Eckert in den Auftrag miteinzubeziehen."

11. März 1968
Treffen Heinle, Behnisch & Partner, Joedicke, Leonhardt, Schlaich im Büro Heinle Wischer + Partner, Stuttgart
Frage der gemeinsamen Weiterentwicklung der Überdachung nach dem Prinzip des 3. Preises wird von Behnisch & Partner und Joedicke zur Kenntnis genommen, aber abgelehnt.

12. März 1968
Erstes informatorisches Gespräch mit Leonhardt, Schlaich, Isler, Otto bei Behnisch & Partner
Übereinkunft, dass beide Dachvarianten in einer Arbeitsgruppe weiterentwickelt werden sollen, in der Auer für Behnisch & Partner, Schlaich für Leonhardt verantwortlich sein sollen, mit Otto als Berater.
Leonhardt stellt Schlaich für diese Kooperation frei.

13. März 1968
Besprechung Kupfer, Joedicke, Tränkner
(Aktenvermerk Joedicke vom 14. März)
Kupfer berichtet von Gespräch mit Leonhardt am Vorabend. Leonhardt habe versucht, ihn für den Vorschlag Heinle zu gewinnen und hätte die Lösung Punktgestütztes Dach nicht anerkannt. Joedicke regt eine Arbeitsgemeinschaft an, in der Leonhardt das randgestützte und er mit Behnisch & Partner das umfanggestützte Dach weiterbearbeitet.

29. März 1968
Beauftragung Behnisch & Partner entsprechend Aufsichtsratsbeschluss vom 1. März

2. April 1968
Schreiben OBG an Severud
Mitteilung, dass mit der Berechnung der beiden Dächer Leonhardt, Kupfer, Gattnar und Isler beauftragt werden.
Hierfür soll für die Beurteilung der technischen und funktionalen Fragen eine technische Gutachtergruppe zusammengestellt werden, u.a.
für Statik und konstruktive Fragen: Rüsch, Lewenton. Sarger, Severud
für materialtechnische und bauphysikalische Fragen: Gösele, Schaupp

19. April 1968
Erste Besprechung der technischen Gutachter
Anwesend u.a. für Statik und konstruktive Fragen:
Lewenton, Batellier (Sarger), Bandel (Severud)
für materialtechnische und bauphysikalische Fragen:
Schaupp, Schüle, Otto als Berater

26. April 1968
Besuch Auer im Atelier Frei Otto in Berlin
Abstimmung der von Otto vorgelegten Modellvarianten mit dem Entwurfskonzept von Behnisch & Partner „Überdachung der Landschaft"

5. bis 10. Mai 1968
Mitarbeit Auer im Atelier Otto
Weiterentwicklung der Segmentierung der gesamten Dachfläche am Modell Maßstab 1:500

6. Mai 1968
Zweite Besprechung der technischen Gutachter
Otto legt mit getrennten Untersuchungen eigene Vorschläge vor, die er in Berlin erarbeitet hat (Trennung von Primär- und Sekundärkonstruktion)
Sofern das Konzept von Otto zur Weiterentwicklung vorgeschlagen wird, möchte Kupfer sich nicht weiterhin an der Ingenieursarbeit beteiligen. Lewenton plädiert dafür, dass sich die Architekten auf eine punktgestützte Lösung einigen müssen

20. Mai 1968
Dritte Besprechung der technischen Gutachter
Für Statik und konstruktive Fragen: Rüsch, Lewenton, Bandel
Für materialtechnische und bauphysikalische Fragen: Schaupp, Schüle
Otto als Berater
Behnisch stellt fest, dass die randgestützte Konstruktion, weil als Einzelüberdachung der Bauten, sich von der architektonischen Konzeption einer Überdachung von Teilen der olympischen Landschaft entfernt.
Mit der von Otto vorgeschlagenen Konzeption einer Primär- und Sekundärstruktur komme man dem ursprünglichen Konzept am nächsten.

31. Mai 1968
Vierte Besprechung der technischen Gutachter
Abschließende Beurteilung der von den Architekten vorgelegten Entwürfe

5. Juni 1968
Gutachterkommission für sportfunktionelle Fragen hinsichtlich der Eignung der Vorschläge zur Überdachung (u. a. mit Willi Daume):
„Es muss zwar zugegeben werden, dass die Gesamtüberdeckung gegenüber Einzeldächern etwa die doppelten Kosten verursacht. Die absolute Höhe dieses Betrages scheint jedoch angesichts der weitaus besseren städtebaulichen und architektonischen Wirkung vertretbar.
Die Idee des 1. Preisträgers, Bauwerke und Teile der Landschaft einheitlich mit beschwingten Formen zu überdecken, hat die allgemeine Zustimmung gefunden. Sie ist ein wesentlicher Bestandteil der architektonischen und der geistigen Konzeption der XX. Olympischen Spiele in München.
Die Geschäftsführung schlägt vor, wegen der besseren städtebaulichen und architektonischen Wirkung die technischen Probleme und Mehrkosten der Lösung I, in Kauf zu nehmen. Der Aufsichtsrat wolle beschließen, dass das punktgestützte, seilverspannte Hängedach in der vom Architekten vorgelegten Form der weiteren Planung und Ausführung zugrunde gelegt wird."

6. Juni 1968
Begutachtung der beiden Überdachungsalternativen durch Mitglieder des seinerzeitigen Preisgerichts (Eiermann entschuldigt):

„Der Vergleich der beiden Vorschläge bestätigt die Auffassung des seinerzeitigen Preisgerichts, dass wesentliche Vorzüge des mit dem 1. Preis ausgezeichneten Entwurfes unabhängig von der Wahl der Überdachung bestehen. Es zeigt sich jedoch, dass die Grundidee des Entwurfes durch die Zeltdachkonstruktion in überzeugender Weise unterstrichen und gesteigert wird, wie dies bei getrennter Überdachung von Einzelbaukörpern nicht erreichbar wäre. Sowohl die räumliche Zusammenfassung um einen zentralen Platz als auch die Beziehung zur landschaftlichen Situation und zu dem stark hereinwirkenden Fernsehturm, ist bei dem Entwurf I ungleich wirkungsvoller als sie auch bei noch so geschickter landschaftlicher Gestaltung der Lösung II möglich erscheint."

6. Juni 1968
Umzug Auer mit Familie nach München
Umzug Weber mit Familie nach München bereits erfolgt

19. Juni 1968
Kostenzusammenstellung von Firmenangeboten für das punktgestützte Dach (Fundamente, Stahlbau, Eindeckung):

1. Arbeitsgemeinschaft Leichte Flächentragwerke
   402 DM/qm Grundfläche

2. Krupp Universalbau
   392 DM/qm Grundfläche

3. Siemens Bauunion
   Angebot nur für Pylone, Fundamente und Zugverankerungen

4. MAN
   Angebot nur für Stahlpylone, Zugverankerungen, Seile und Dachhaut, ohne Stahlbetonteile

5. Südeisenbau
   Angebot nur für Stahlpylone und Seile, ohne Fundamente, Verankerungen und Dachhaut

6. Dyckerhoff & Widmann
   Angebot nur für Fundamente, Pylone, Zugverankerungen in Beton, Seile, ohne Dachhaut

Fazit:
Preisspanne/qm überdachte Grundfläche
313 DM bis 666 DM
Vermutung: 400 bis 420 DM als realistisch

21. Juni 1968
Bericht der OBG als Vorlage für die Aufsichtsratssitzung
u. a. Vertragsabschluss mit Behnisch und Heinle

„a) Ausgehend von der Aufgabe im Architektenwettbewerb betrachten die Architekten Behnisch & Partner ihre Lösung auch für den Bereich nördlich des mittleren Rings als ein in sich geschlossenes Gesamtwerk ... ...
Sie fordern kategorisch eine entscheidende Mitwirkung in künstlerischer und allgemein technischer Hinsicht für die Gesamtaufgabe ... ...
b) Für diese Leistungen einer künstlerischen Mitwirkung verlangt der Architekt eine Pauschalvergütung in Höhe von 830 000 DM
Für die Bauleitung (örtliche Bauaufsicht) fordert der Architekt auch die Mitwirkung in übergreifender Funktion, und hierfür eine Vergütung von 1 % der Herstellungssumme
c) Nach dem Beschluss des Aufsichtsrates vom 1. März 1968 ist der Vertrag mit der Architekten-Gruppe Behnisch & Partner und Professor Joedicke, die nämliche am Wettbewerbsentwurf beteiligt waren, abzuschließen. Herr Professor Behnisch legte jedoch in den Vertragsverhandlungen Wert darauf, aus internen Gründen als alleiniger Partner der Olympiabaugesellschaft aufzutreten. Um etwaige aus der Alleinbeauftragung des Herrn Professors Behnisch resultierende Nachteile für die Olympiabaugesellschaft zu vermeiden, ist eine ausdrückliche Nachfolgeregelung in § 22 des Vertrages vorgesehen."

20. Dezember 1968
Bericht der Architekten über den Planungsstand der Überdachung
- Formgebung am 16. September 1968 abgeschlossen.
- Anfang Januar 1969 gehen Formmodelle zur Messmodellherstellung an das Institut für Leichte Flächentragwerke in Stuttgart.
- Alle für die Ausführung infrage kommenden Firmen werden am 23. Dezember 1968 informiert.
- Seilnetzabdeckung in zwei Varianten:
  a) Doppellagige Holzschalung
  b) Leichtbeton System „Perlite"
- Wetterhaut auf Bitumenbasis, darüber Edelstahlauflage als Schindeln oder Aluminiumbronze-Auftrag

5. Mai 1969
Hinweis der OBG auf vertragliche Verpflichtungserklärung von Behnisch zur Fortführung der Planungsleistungen durch die Partner für den Fall, dass er durch „in seiner Person liegende Gründe dazu nicht [mehr] in der Lage ist".

22. Mai 1969
Schreiben Behnisch an den Vorsitzenden des Aufsichtsrates Franz Josef Strauß:

„(…) muss ich Ihnen heute mitteilen, dass jede Lösung, bei der Herr Löwenhauser – auch evtl. unter einem Hauptgeschäftsführer – weiter hier tätig bleibt, meiner Meinung nach nicht mehr erwogen werden kann. Der offensichtliche Misserfolg seiner Arbeit in den letzten Monaten macht das Gelingen unserer gemeinsamen Arbeit fraglich.
(…) Ich muss unsere Arbeit und unsere Mitarbeiter vor weiteren sinnlosen Belastungen schützen. Ich bin nicht bereit, für meinen Teil weiterhin das Risiko des Misserfolgs zu tragen."

12. Juni 1969
Antwortschreiben Strauß an Behnisch:
„Mit der Bestellung des Präsidenten der Bundesbaudirektion, Dipl.-Ing. Carl Mertz, zum Hauptgeschäftsführer der Olympia-Baugesellschaft sind aber nunmehr die Voraussetzungen gegeben, dass die außergewöhnlich großen und schwierigen Aufgaben der Olympia-Baugesellschaft in Zukunft erfolgreich gelöst werden können."

27. Juni 1969
Isler stellt fest,

- dass ihm die Mitarbeit am Projekt seit Neujahr praktisch verunmöglicht wurde,
- dass es von Dr. Schlaich ausdrücklich abgelehnt worden ist, einen oder mehrere Ingenieure von Isler mitarbeiten zu lassen,
- dass er im Planstempel praktisch herausgeworfen worden ist.

Er weist hin auf seinen Beitrag in der Projektentwicklung und dass auch im neuesten Projekt Anregungen und Einfl üsse von ihm sind, ganz abgesehen davon, dass der Grundgedanke des Wettbewerbes immer noch dem ganzen Projekt zugrundeliegt.

16. Juli 1969
Presseverlautbarung der Olympiapressestelle zur Kostenentwicklung des Daches:
„Hauptgeschäftsführer Carl Mertz hat am 15. Juli 1969 den Aufsichtsrat der Olympia-Baugesellschaft mbH von dem Ergebnis der Ausschreibung für das Zeltdach unterrichtet. Danach liegt das geringste Gebot bei rund 100 Millionen DM. Diese Summe übersteigt den im Kostenvoranschlag genannten Betrag von 37 Millionen DM um das Doppelte. Dazu hat der Aufsichtsrat folgende Feststellungen und Entscheidungen getroffen:

1. Die seinerzeitige Entscheidung des Organisationskomitees und des Aufsichtsrats für die Zeltdachlösung beruht auf gutachtlichen Äußerungen der Sachverständigen (…) sowie auf Schätzungen von Prof. Behnisch und der Geschäftsführung der OBG. Auch der Betrag im Kostenvoranschlag beruht auf diesen Schätzungen.

2. (…)

3. (…)

4. Die Zeltdachlösung ist von der Öffentlichkeit von Anfang an begrüßt und vor allem von der Fachwelt als die einzige Lösung bezeichnet worden, die städtebaulich und architektonisch dem Rang und der Bedeutung der Olympischen Spiele gerecht wird. Der Aufsichtsrat hat sich dieser Auffassung angeschlossen und bekennt sich auch heute zu ihr."

5. Februar 1970
Gutachten der Ornithologischen Gesellschaft Bayern e.V. zu eventuellen Auswirkungen des Zeltdachbaus auf die Vogelwelt, u.a.:
„Nach unseren vergleichbaren feldornithologischen Erfahrungen ist die Gefahr einer Massenkarambolage anfliegender Vögel denkbar gering. Etwa von der Seite kommende oder von oben einzufallen versuchende Vögel werden bei normaler Sicht das Dach, vor allen wegen des Netzwerkes der Befestigungskonstruktionen, ohne weiteres erkennen. (...) Freilich bedeutet das Zeltdach des Olympischen Feldes ein neues Experiment, dessen Folgen, auch für die Vögel, unmöglich völlig abzusehen sind."

25. Februar 1970
Der Vertrag über die Nachfolgeregelung liegt der OBG vor.

30. März 1970
Schreiben Otto an Behnisch & Partner zum Thema Plexiglas für die olympischen Dächer, u.a.:
„Im Januar 1970 (...) wurde von uns als Dachhaut vorgerecktes Plexiglas empfohlen (...). Es hat (...) von allen heute zur Verfügung stehenden lichtdurchlässigen Materialien die längste Lebensdauer."

4. August 1970
Schreiben Otto an Behnisch & Partner:
„Wegen meiner angegriffenen und akut gefährdeten Gesundheit wird mein Partner Herr Ewald Bubner, der ohnehin seit Beginn der Bearbeitung der Probleme des olympischen Daches alle Vollmachten hat und Projektionschef meines Ateliers für München ist, ausschließlich tätig.
Ich bitte dafür um Verständnis und sich in Zukunft nur noch an Herrn Bubner zu wenden. Ich berate Herrn Bubner jedoch wie bisher."

4. November 1971
Richtfest für den fertiggestellten Stahlbau der Überdachung einschließlich Seilnetz, ohne Eindeckung

Ende der Aktendurchsicht

Chronologie 1979 bis 2001

Zur Debatte um das Stadion: Umbau oder Neubau?

1979
Fritz Auer und Karlheinz Weber verlassen die Behnisch-Partnerschaft und gründen ihr eigenes Büro Auer+Weber Stuttgart/München.

ab 1995
Überlegungen des FC Bayern, das Olympiastadion in eine fußballtauglichere Arena umbauen zu lassen.
Auftragserteilung der Münchner Olympia Park Gesellschaft MOG an Behnisch & Partner für eine Umbauplanung mit den Schwerpunkten:

- Erweiterung der Sitzkapazität auf ca. 70 000 Plätze
- Verringerung des Abstandes zwischen Spielfeld und Zuschauertribüne
- Überdachung der Osttribüne
- Einbau von Logen für etwa 600 Personen
- Zusätzliche Flächen für Presse, VIP-Bereiche, Restaurants etc.

4. Dezember 1995
Vortrag Behnisch vor dem Aufsichtsrat der MOG
Auszüge:
„Der Charakter des Olympiastadions einschließlich der Sportstätten wurde in dem 1967 ausgeschriebenen Architektenwettbewerb definiert und formuliert, aus dem seinerzeitigen Zeitgeist heraus. Ende der 60er Jahre war der materielle Wiederaufbau der Bundesrepublik praktisch abgeschlossen. Und in der Bundesrepublik dominierte das Gefühl, man sollte in Ergänzung zu dem oft robusten materiellen Aufbau auch die andere Seite der Bundesrepublik zeigen, das Weltoffene, Jugendliche, Sportliche, Musische usw.

Man wollte klarstellen, daß man nicht alleine am Materiellen und am Geld orientiert sei. Während die Städte in vielen Teilen profitlich sich entwickelt hatten, sollte im Olympiapark die andere Seite zu Wort kommen, eben das Offene, Musische, Nicht-Profitliche.

Die MOG betreibt die Olympiaanlagen. Man hat festgestellt, daß die Münchner Olympiaanlagen die einzigen Olympiaanlagen in der Welt sind, die noch nach den Spielen für lange Zeit gut funktionieren. Das ist sicher ein Erfolg der Arbeit der MOG, aber auch ein Erfolg der Architektur und der nicht ausschließlich am sogenannten Praktischen orientierten Funktionen der Anlagen.

Nun soll auch das Stadion verändert werden. Und der Charakter dieser gewünschten Veränderungen wird Richtung Kommerzialisierung weisen, damit weg vom Offenen, nicht offensichtlich am Profit orientierten Stadion.

All das, was hier geschehen soll, wird auf das massive Drängen des Vereins Bayern München geschehen. Und dieser Verein renommiert öffentlich mit seiner Geschäftstüchtigkeit und mit den erzielten Gewinnen außerhalb des Fußballs. Diese Kräfte werden nun Teile des Olympiastadions mitbestimmen.

Olympiastadion und Olympiaanlagen werden nach den geplanten Veränderungen nicht mehr das sein, was sie 23 Jahre waren. Und ein Zeugnis der Geschichte der Stadt München wird „umgestimmt". Zumindest im Bereich des Symbolischen.

Symbole jedoch sind Zeichen für Kräfte, für Ereignisse usw., die ohne diese Zeichen nicht wahrnehmbar sind.

Man wird also in Zukunft an den Olympiaanlagen nicht mehr so einfach und so klar erkennen können, was die Olympischen Spiele 1972 für München, für Bayern, für die Bundesrepublik, für jeden Einzelnen, für unsere Stadt und für die Olympische Gesellschaft waren."

7. Mai 1997
Schreiben Auer an den Vorsitzenden des Landesdenkmalrates
(mit Billigung von Behnisch)
Antrag auf Unterschutzstellung der Hauptsportstätten
Kernpunkte:

- Die spezielle Unterschutzstellung des Bereichs der Hauptsportstätten Stadion, Sporthalle und Schwimmhalle einschließlich deren gemeinsamer Überdachung und der zugehörigen Freiflächen gegenüber bereits geschehenen und geplanten Veränderungen
- Die Forderung nach einer für die Wahrung des ursprünglichen Erscheinungsbildes unerläßlichen „Intendanz", dies ausdrücklich unter dem bereits bei der Planung für die Olympischen Spiele zu berücksichtigenden Aspekt einer angemessenen nacholympischen Nutzung der Anlagen
- Das einzig bemerkenswerte Architekturensemble aus dieser Zeit vor dem weiteren Ausverkauf zu bewahren und im Geiste der seinerzeitigen Zielsetzung für die Konzeption des Olympiaparks im Landesdenkmalrat darüber befinden

31. Juli 1997
SZ-Forum „25 Jahre Olympiapark"
Alt-OB Vogel plädiert für Widerstand gegen den Stadionumbau.

15. September 1997
Empfehlung des Landesdenkmalrates:
„Der Bayerische Landesdenkmalrat hat auf seiner Sitzung am 15.9.1997 über den Denkmalcharakter des Olympiageländes in München beraten und folgenden Beschluß gefaßt:
Der Landesdenkmalrat bejaht den Denkmalcharakter der Olympischen Sportanlagen auf dem Oberwiesenfeld. Er befürwortet die Aufnahme der Gesamtanlagen in die Denkmalliste als Ensemble und die Ausweisung einzelner Sportstätten als Einzeldenkmale. Die genaue Begrenzung des Ensembles und die Benennung von Einzeldenkmalen soll vom Landesamt für Denkmalpflege erarbeitet werden."

27. September 1997
Der FC Bayern beschließt, das Olympiastadion zu verlassen und eine eigene Fußballarena zu errichten.

8. Oktober 1997
Der TSV 1860 München erklärt, zusammen mit dem FC Bayern in ein neues Stadion umzuziehen.

ab Oktober 1997 bis November 1999
Standortsuche für eine neue Fußballarena (insgesamt 14 Standorte)

25. November 1997
Ergebnis einer repräsentativen Umfrage bezüglich einer neuen Fußballarena:
52 % der Münchner sind gegen einen Neubau.

10. März 1998
Podiumsdiskussion Münchner Forum und „Süddeutsche Zeitung"
u.a. mit OB Ude, Beckenbauer, Behnisch
Ankündigung von Beckenbauer, unter bestimmten Voraussetzungen mit seinem Verein weiterhin im Olympiastadion zu bleiben, sofern dies umfassend umgebaut wird:
„ein Fußballstadion unter diesem Dach – das wär's"
Behnisch erklärt, ein fußballgerechter Umbau sei kein Problem, er würde seine Urheberrechte nicht so einsetzen, dass eine von der Stadt und der MOG gewollte Lösung verhindert würde.

April 1998
Empfehlung des Denkmalrates des Landesamtes für Denkmalpflege:
- Ensembleschutz für den gesamten Olympiapark
- Denkmalschutz für das Olympiastadion, die Olympiahalle, die Schwimmhalle und den Olympiaturm

September 1998
Das Münchner Forum fordert die Beteiligung der Öffentlichkeit an einer Diskussion über die Umbauplanungen des Olympiastadions und kündigt eine Podiumsdiskussion für den 8. November an

Ende Oktober 1998
Alt-OB Vogel nimmt schriftlich Stellung zu den Umbauplänen.
Er fordert, die Arena so zu belassen, wie sie ist – notfalls soll ein Bürgerbegehren die FC Bayern-Pläne kippen
„Die Gesellschaft muss Kraft für ein Denkmal haben."

23. Oktober bis 9. November 1998
Ausstellung des Umbaumodells im Münchner Rathaus

4. November 1998
Auer stellt sich öffentlich gegen die Umbaupläne von Behnisch & Partner und verweist auf sein Miturheberrecht.

8. November 1998
„Arena-Diskussion" des Münchner Forums im Olympiastadion
Behnisch behauptet sein alleiniges Urheberrecht

17. November 1998
Auf der Jahreshauptversammlung des FC Bayern verwerfen die Clubmitglieder die Pläne für einen Umbau des Olympiastadions und fordern eine neue fußballgerechte Arena.

24. November 1998
Podiumsdiskussion an der Technischen Hochschule München
„Das Olympiastadion – ein Wahrzeichen in Gefahr?"
mit:

- Günter Behnisch, Architekt
- Norbert Huse, Kunsthistoriker
- Wilfrid Spronk, Olympiapark München GmbH
- Christiane Thalgott, Stadtbaurätin
- Donata Valentien, Landschaftsarchitektin
- Moderation Uwe Kiessler, Architekt

Ende November 1998
Der Deutsche Fußball-Bund (DFB) stellt ein Ultimatum an die Stadt München, den FC Bayern und den TSV 1860 München: Für den Fall, dass die WM-Austragung in 2006 in Deutschland stattfinden sollte, können nur moderne, voll überdachte Arenen Austragungsort werden. Bis 31. Dezember müssen die Umbaupläne stehen, andernfalls würde München kein Austragungsort werden.

27. November 1998
Beckenbauer meldet beim Internationalen Fußballverband FIFA in Zürich das deutsche Interesse an der WM 2006 an.

9. Dezember 1998
Auf Initiative des Fankreises von TSV 1860 München treffen sich Architekten, Kunsthistoriker und eine Abordnung vom Fußballfans mit dem Ziel, gemeinsam den Umbau des Olympiastadions zu verhindern.
Gründung des „Initiativkreis Olympiapark", verbunden mit dem Plädoyer für einen Stadionneubau

11. November 1998
In einem offenen Brief protestieren 32 Münchner Hochschulprofessoren aus den Bereichen Stadtplanung und Architektur gegen die Umbauplanungen „und fordern die Verantwortlichen auf, derartig weitreichende und Denkmal zerstörende Überlegungen zum Umbau der Olympiaanlagen von 1972 nicht weiter zu verfolgen".

16. Dezember 1998
Der Stadtrat votiert einstimmig für die Bewerbung Münchens als Austragungsort für die WM 2006 und dass das Olympiastadion dafür umgebaut werden soll.

April 1999
Der Bauunternehmer Schörghuber bietet den beiden Münchner Fußballvereinen einen Stadionneubau in München-Riem an.

19. April 1999
Einigung auf einen Neubau am Standort Riem zwischen den Spitzen des FC Bayern, TSV 1860 München und der Stadt München, nachdem keine Einigung über die Kostenverteilung (140 Millionen DM Umbau: 400 Millionen DM Neubau) erzielt werden konnte.

28. April 1999
Der Stadtrat beschließt, dass parallel zu der Planung in Riem die Umbauplanungen im Olympiastadion weitergeführt werden.

10. August 1999
Vorstellung der DFB-Bewerbung 2006 durch Beckenbauer in Zürich

26. November 1999
Gutachter geben dem Standort Riem, nach Vorlage des Verkehrsgutachtens aus verkehrs- und veranstaltungstechnischen Gründen keine Chance.

19. Januar 2000
Der Stadtrat lehnt weitere Untersuchungen zu Standortalternativen ab

24. Januar 2000
Erster „Stadiongipfel" in der Staatskanzlei
Unter Ministerpräsident Edmund Stoiber sollen Politik und Fußballvereine eine gemeinsame Linie finden, das Olympiastadion bis zu einer möglichen WM 2006 in eine moderne Fußballarena umzubauen.
Beckenbauers Enttäuschung:
„Am besten wir sprengen das Stadion weg. Es wird sich doch ein Terrorist finden, der für uns die Aufgabe erledigen kann."

8. Februar 2000
Nach einem Einladungsgespräch bei Ministerpräsident Stoiber erklärt Behnisch, weitere Zugeständnisse zu machen, um einem fußballgerechten Umbau des Olympiastadions nicht im Wege zu stehen, behält sich aber vor, entgegen der Absicht der Stadt, einen Architektenwettbewerb durchzuführen, als Urheber die Umbauplanung durchzuführen.

11. Februar 2000
Behnisch bittet Auer und Weber aus (Mit-)Urheberrechtsgründen, an den Umbauplanungen mitzuwirken.

10. März 2000
Schreiben Behnisch an Spronk, OMG:
„Nach Fühlungnahme mit den damaligen Partnern sehe ich mich veranlaßt, gegenüber der OMG festzuhalten:
An der Gestaltung der Architektenleistungen für die Bauwerke und Anlagen, die im Rahmen der XX. Olympiade 1972 auf dem Oberwiesenfeld in München nach §§ 1,3 des Architektenvertrages vom 1./16. Juli 1968 zu errichten waren, haben die Architekten Fritz Auer, Winfried Büxel, Erhard Tränkner, Carlo Weber durch wesentliche, auch schöpferische Beiträge mitgewirkt."

7. Juni 2000
Vorstellung dreier Umbauvarianten von Behnisch & Partner/Auer+Weber

4. Juli 2000
Im Rahmen der Veranstaltungsreihe „Vom Volkspark zum VIP-Park" in der Pasinger Fabrik fordert Alt-OB Vogel die Stadt zu einem Bürgerentscheid über die Zukunft des Olympiastadions auf:
„Aber wenn es eine Frage gibt, die die Bürger entscheiden müssen, dann ist es diese Frage."

6. Juli 2000
Deutschland erhält den Zuschlag für die Austragung der Fußball-WM 2006.

19. Juli 2000
Ankündigung einer Initiative des Physikers Christian Felix zur Einleitung eines Bürgerbegehrens über die Forderung, das Olympiastadion in seiner bisherigen Form zu erhalten und an anderer Stelle ein reines Fußballstadion zu bauen.

20. Juli 2000
Zweiter „Stadiongipfel" in der Staatskanzlei
Die Fußballvereine setzen aus zwei Umbau-Alternativen ihren Anspruch auf die teurere von beiden durch („Ring" statt „Schüssel").

August 2000
Beginn der Unterschriftensammlung für den Bürgerentscheid gegen den Umbau des Olympiastadions; benötigt werden hierfür 28000 Unterschriften

3.November 2000
Dritter „Stadiongipfel" in der Staatskanzlei
Fußballvereine und Freistaat einigen sich auf das sogenannte Konsensmodell.
Staat, Stadt und Vereine teilen sich die veranschlagten Umbaukosten von 400 Millionen DM.

November 2000
Der Landesdenkmalrat und der Internationale Rat für Denkmalpflege ICOMOS warnen vor einem Umbau des Stadions.
Die Initiative „Bürgerbegehren Olympiastadion" hat mit 32000 die für eine Zulassung notwendige Zahl von 28000 Unterschriften übertroffen.
Abstimmungsfrage:
„Sind Sie dafür, dass das Olympiastadion in seinen wesentlichen Merkmalen erhalten bleibt und die Stadt München einen geeigneten Standort für ein neues Fußballstadion sucht und dessen Errichtung fördert?"

5. Dezember 2000
Übergabe der Unterschriftensammlung an die Stadt

6. Dezember 2000
Öffentliches Hearing zum Stadionumbau im Münchner Rathaus
Nach einem Referat von Uwe Kiessler, der als Sprecher der Bürgerinitiative die Defizite der Umbauplanung aufzeigt, die vom Vertreter des Büros Behnisch & Partner nicht widerlegt werden, bittet dieser, im Einvernehmen mit Behnisch, das Anliegen des Bürgerbegehrens zu respektieren und eine Bedenkzeit einzulegen bis zum Bürgerentscheid.

13. Dezember 2000
Der Stadtrat beschließt, entsprechend der Forderung des Bürgerbegehrens zu verfahren. Der Bürgerentscheid wird dadurch gegenstandslos.

Damit war die 61 Monate andauernde Diskussion um einen Umbau des Olympiastadions oder einem Neubau für eine Fußballarena beendet und der Weg vorgezeigt für deren Realisierung am heutigen Standort Fröttmaning.

30. November 2001
Der Wettbewerb um den Arenaneubau am Standort Fröttmaning ist entschieden. Die Gewinner sind die Basler Architekten Herzog & de Meuron, die anschließend mit der Planung des Projekts beauftragt werden.

Ende der Aktendurchsicht

Was bedeutet uns ein Gesamtkunstwerk?
36 Statements über 50 Jahre Olympiapark München

„Von der halben Welt verfemt, von der anderen ohne Liebe respektiert, rüsten sich die Deutschen seit Dienstag letzter Woche, dem Erdkreis ein Versöhnungsfest auszurichten: Olympische Spiele."

„Der Spiegel", 2. Mai 1966

„Es gibt keine nationalen Demonstrationen, keinen Gigantismus.

Die olympischen Spiele von München sollen den Charakter der Ungezwungenheit, Offenheit, Leichtigkeit und Gelöstheit haben.

Es liegt auf der Hand, daß sie damit einen betont festlichen Charakter erhalten werden. Festlichkeit nicht im Sinne traditioneller Gesellschaftlichkeit, sondern im Sinne spielerischer Improvisation."

„Nimmt es uns die Welt ab, wenn wir darauf hinweisen, daß das Deutschland von heute ein anderes ist als das Deutschland von damals?

Vertrauen gewinnt man nicht durch Worte, sondern durch sichtbare Bezeugungen und gewonnene Sympathie. Es kommt weniger darauf an zu erklären, daß es ein anderes Deutschland gibt, als es zu zeigen."

Otl Aicher, Gestalter und Grafikdesigner, 1967

„In dieser gestalteten Landschaft mit ihren dem Sport und der Muse dienenden Anlagen könnte jene Atmosphäre entstehen, die während der Olympischen Spiele zur sportlichen und kulturellen Begegnung der Jugend der Welt führt.

Die geistige Idee hat Vorrang vor dem materiellen und technischen Aufwand."

Behnisch & Partner, Auszug aus dem Erläuterungsbericht zum Wettbewerbsentwurf, 3. Juli 1967

„Das Bestreben des Verfassers, die Lösung der Aufgabe durch künstliche Veränderungen des Geländes zu unterstützen, verdient Anerkennung. Den Schutthügel in die Gestaltung der Olympischen Bauten einzubeziehen, führt zu einer lebendigen Formung.
Die für den Entwurf typische Modellierung des Geländes bildet einen nicht nur ökonomischen, sondern auch vom städtebaulichen Gesichtspunkt her zu würdigenden Ausgangspunkt für die Lösung der Aufgabe, die Masse der olympischen Bauten in einem von der Natur nicht ausgezeichneten Gelände unterzubringen."

Auszug aus der Beurteilung des Preisgerichts, 13. Oktober 1967

„Hundert olympische Ideen und ein poetischer Entwurf."

Peter M. Bode, „Süddeutsche Zeitung", 18. Oktober 1967

„Das die Sportstätten überdeckende Dach ist als Großform zeichenhaften Charakters ausgebildet und bezeichnet weiterhin sichtbar den Schwerpunkt der Anlage auf dem Oberwiesenfeld. Das Dach umschließt zugleich den zentralen Raum zwischen den Sportstätten, der sich zum See und zum Berg öffnet.
Hier, in diesem Zentrum, dem sich öffnenden und zugleich begrenzten Raum, schlägt das Herz der Olympischen Spiele."

Jürgen Joedicke, Architekturtheoretiker, 1969

„Die Olympischen Sommerspiele 1972 in München werden mehr noch als bisher die Aufmerksamkeit der Welt auf die Bundesrepublik Deutschland lenken.

Die Erinnerung an die Olympiade in Berlin 1936, an unsere historische Vergangenheit und nicht zuletzt das Bewusstsein unserer besonderen politischen Lage werden dabei eine nicht unerhebliche Rolle spielen. Somit bietet sich für uns eine einmalige Gelegenheit, das aus dem weltweiten Interesse am Sport erwachsende Interesse für die Darstellung unserer Entwicklung und unseres Staatswesens zu erschließen und dem Ausland ein Bild des modernen Deutschland mit allen seinen politischen, wirtschaftlichen, sozialen und kulturellen Aspekten zu vermitteln."

Walter Scheel, Bundespräsident, April 1970

„Die Olympia-Architektur löst ihr Versprechen ein."

Peter M. Bode, „Süddeutsche Zeitung", 10. November 1971

„Für all das schuldet München denen, die diese Bauwerke ersonnen haben, aufrichtigen und tiefen Dank. In den Dank mischt sich die Genugtuung darüber, daß unsere sicher verbesserungswürdige Gesellschaftsordnung zu einer solchen Leistung im Stande war – deswegen im Stande war, weil Technik und Ökonomie hier nicht geherrscht haben, sondern gedient: dem Schönen, Ästhetischen, Spielerischen gedient haben."

Hans-Jochen Vogel, Oberbürgermeister bei der Übergabe der Olympiabauten, 29. Juni 1972

„Alles in allem wollten wir mit unserem Entwurf über die reine Erfüllung sportfunktioneller Forderungen hinaus ein jugendlich-fröhliches, dreiwöchiges Sommerfest inspirieren, in dessen zwangloser Atmosphäre sich Menschen aus aller Welt begegnen und wohl fühlen können – und für die Münchner Bevölkerung sollte nach den Spielen eine den traditionellen Parkanlagen der Stadt ebenbürtige, aber vielseitig genutzte Erholungslandschaft verbleiben."

Fritz Auer, Juli 1972

„Für diese Arbeit haben wir einen Freund gesucht, der die Idee einer solchen Landschaft zum Leben bringt. Wir haben ihn in Günther Grzimek gefunden; mit ihm haben wir unsere Arbeit kollegial, gemeinsam getan. Der Kampf mit der Technik wurde bestanden. Das Erlebnis ‚Olympiade' und das Erlebnis ‚Erholungslandschaft', das war unser gemeinsames Ziel und das wird auch unsere gemeinsame Leistung sein."

Günter Behnisch, 1972

„Willi Daume hat uns allen, inklusive der Jugend der Welt, seit Jahren heitere Spiele versprochen. Dazu hat zumindest genau so viel Mut gehört wie zum Bau des verrückten Daches, denn man weiß ja – wir tun uns ein bisschen schwer mit der Leichtigkeit."

Ulrich Kaiser, Sportinformationsdienst, 26. August 1972

„Das unwahrscheinliche Glück ist eingetreten, daß eine kühne Idee im Verlaufe von fünf Jahren nicht durch Borniertheit, finanzielle Beschränkung, technische Zwänge und Argumente der Ängstlichkeit unkenntlich gemacht werden konnte.

Der Verzicht auf Monumentalität und das Spiel mit der Landschaft haben den Münchnern einen Sportpark von großer Anmut und liebenswerter Urbanität beschert. Wenn seine Attraktion jedoch nicht nachlassen soll, bedarf es einer phantasievollen Intendanz."

Peter M. Bode, „Süddeutsche Zeitung", 9. September 1972

„Die optische Gegenbewegung zum Dach führen die Tribünen aus.

So entstand ein Raum von überwältigender Schönheit und Leichtigkeit, der durchsichtig, offen nach Osten, gedeckt, aber durchscheinend nach oben und gefasst von den Tribünenrängen das Sportfeld wie eine leicht geöffnete Schale umfängt."

Leonardo Benevolo, Architekturhistoriker, 1978

„Der Olympiapark wurde zur schönsten Bühne des blühenden Lebens – weltweites Vorbild für alle olympischen Städte, aber auch für alle anderen Freizeit- und Erholungsparks."

Georg Kronawitter, Oberbürgermeister, „Süddeutsche Zeitung", 25. Mai 1993

„Wagemut und Wahnsinn formen ein Wunder. Das Experiment gebauter Utopie verschafft der Stadt ein weltberühmtes Wahrzeichen und einen der schönsten Orte.

Die Sensation ist aber eigentlich die: Man hat ein Experiment gebaut, hat nach Sternen gegriffen, war kühn und etwas verrückt.

Eigentlich besteht das Wunder darin, dass es sich inmitten von Menschen, die nicht daran glaubten, ereignen konnte."

Gerhard Matzig, „Süddeutsche Zeitung", 16. August 1997

„Am Ende war Ordnung im Sichtbaren und Unsichtbaren und über der Stadt ein Hauch künstlicher, kunstvoller Schönheit. München strahlte – und danach nie wieder."

Claus Heinrich Meyer, „Süddeutsche Zeitung", 16. August 1997

„Der Landesdenkmalrat bejaht den Denkmalcharakter der Olympischen Sportanlagen auf dem Oberwiesenfeld. Er befürwortet die Aufnahme der Gesamtanlage in die Denkmalliste als Ensemble und die Ausweisung einzelner Sportstätten als Einzeldenkmale."

Bayerisches Staatsministerium, 15. September 1997

„Heute steht die Landeshauptstadt im Grunde vor der gleichen Lage: Was soll den Ausschlag geben? Die ästhetisch-kulturellen oder die ökonomischen Gesichtspunkte? Die Beibehaltung der Pflege einer Botschaft, die München in Gestalt dieses Bauwerks im Jahre 1972 an die ganze Welt gerichtet hat oder die Mitteilung, dass diese Botschaft der Vergangenheit angehöre und nun auch in München in einem derartigen Fall der Markt und der Wettbewerb das letzte Wort habe? Es wird niemanden überraschen, dass ich jeweils für die erste der drei Alternativen eintrete."

Hans-Jochen Vogel, „Süddeutsche Zeitung", 26. Oktober 1998

„Der Olympiapark ist eine Ideallandschaft, ein Ort der Versöhnung von Mensch und Natur, ein Symbol der offenen Gesellschaft."

Hanno Rauterberg, „Die Zeit", 3. Dezember 1998

„30 Jahre Olympiapark – so viele Jahre haben wir diese wunderbare Stadtlandschaft in München nun schon. Mit Stolz stellen wir fest, dass sie mittlerweile in der ganzen Welt berühmt ist."

Christian Ude, Oberbürgermeister, 1. August 2002

„Die ganze Welt ist sich einig, dass dieses einzigartige symbiotische Ineinanderwirken von Ingenieuravantgarde und Landschaftsarchitektur der bedeutendste Beitrag Deutschlands zur jüngeren Architekturgeschichte ist."

Gottfried Knapp, „Süddeutsche Zeitung", 19. November 2007

„Der Olympiapark hat für München einen ähnlichen Symbolwert wie der Eiffelturm für Paris oder die Oper für Sydney. Dieses Werk muss einfach bewahrt werden."

Egon Johannes Greipl, Generalkonservator, „Münchner Merkur", August 2012

„Der Olympiapark als Ganzes hat für mich von seiner städtebaulichen Qualität her den Rang eines Weltkulturerbes. Die Gebäude sind zusammen mit ihrer Einbettung in den Park als Gesamtkunstwerk zu betrachten. Der Park ist nicht nur eine architektonische und landschaftsgestalterische Leistung, sondern besitzt für München auch eine große gesellschaftspolitische Dimension.

Neben den Türmen der Frauenkirche sind die Bauten des Olympiaparks unverkennbares Wahrzeichen der Münchner Stadtsilhouette, der Park selbst ist einer der beliebtesten Freiräume der Stadt. Der emotionale Bezug der Münchnerinnen und Münchner zu ‚ihrem' Olympiapark ist enorm. Man identifiziert sich mit dem baukulturellen Erbe und ist stolz auf die über die nationalen Grenzen hinausgehende Bekanntheit des Ensembles.

Nie wieder danach gelang es bei Bauprojekten in der Bundesrepublik, trotz durchaus beachtlicher Architektur, an diese Synthese von architektonischer Qualität und Landschaftsgestaltung in Zusammenhang mit ihren immateriellen Werten anzuknüpfen.

Nun gilt es, diese Chance von damals nicht leichtfertig aufs Spiel zu setzen, sondern erneut als Impulsgeber zu begreifen."

Elisabeth Merk, Stadtbaurätin, 2012

„Und tatsächlich erwiesen sich die Olympischen Spiele in München für viele junge Menschen als Motivation und als eine Erfahrung, die sie noch weit in ihr Berufsleben hinein antrieb. Sie alle eint in ihren Erinnerungen das Gefühl, ‚dabei gewesen' zu sein. Diese Gruppe junger Menschen befand sich nicht auf dem langen Marsch durch die Institutionen, sie verfolgte auch keine radikalen Ziele, sie profitierte vielmehr von den Reformdebatten der ‚langen sechziger Jahre' und war Teil des größten praktischen Experiments ihrer Zeit. In Bezug auf das Humankapital ist dies das bedeutendste Vermächtnis von München."

Kay Schiller und Christopher Young, Historiker, 2012

„Noch heute – 40 Jahre später – gilt das Olympiagelände als eine der wenigen originären Architekturleistungen der Bundesrepublik. Das Ensemble strahlt Eleganz und Leichtigkeit aus, es ist gebaute Utopie, die bis heute hochmodern wirkt. Und: Für die Münchner ist die Olympialandschaft auch nach den Spielen ein Glücksfall, denn ein attraktiver Volkspark bleibt zurück."

Caroline Wörmann, „Münchner Merkur", 17. August 2012

„Sie schufen das erste deutsche Sommermärchen, die Olympischen Spiele 1972 in München. Am 26. August vor 40 Jahren wurden sie unter einem so noch nie gesehenen, transparent schwebenden Zeltdach eröffnet, und die bisher biedere Bundesrepublik wirkte für ihre ausländischen Besucher auf einmal ungeheuer jung, weltoffen, charmant. Das hätte man den Deutschen nie zugetraut."

Peter von Becker, „Der Tagesspiegel", 18. August 2012

„Der Olympiapark entwickelte in seiner Symbiose zwischen den transparenten und Leichtigkeit assoziierenden Gebäuden in Verbindung mit den sensibel und dennoch kraftvoll gestalteten Landschaftsräumen eine Ausdrucksstärke wie nur wenige Orte weltweit. Dies gereicht nicht zuletzt dem Image Ihrer Stadt bis heute international zu Gute. Er schafft eine Aura, vergleichbar der des Brandenburger Tores in Berlin, des Eiffelturms in Paris oder der Modern Tate in London. Der Olympiapark ist nicht allein eine Ikone der Architektur, der Landschaftsarchitektur und der Ingenieursbaukunst des 20. Jahrhunderts, er steht vielmehr für ein gesellschaftlich völlig neues Verständnis des Bauens, das einen Neuanfang, einen Wandel und Transparenz versinnbildlicht. Obwohl inzwischen 40 Jahre alt, hat er nichts von seiner Bedeutungskraft verloren."

Michael Braum, Bundesstiftung Baukultur, 3. September 2012

„Was für ein Park ist das, welche Bedeutung hat er, und wozu verpflichtet er jetzt und in Zukunft? Der Park ist ein Unikat. Er ist eine Synthese aus Landschaftsarchitektur, Architektur und Visuellem Erscheinungsbild. Dies wissen alle, die diesen Park kennen und sich mit ihm beschäftigen. Es herrscht aber Unklarheit darüber, welche Bedeutung dieses Unikat hat und wozu es verpflichtet.
Es ist weder offensichtlich noch leicht verständlich, wie der Glücksfall, das Unikat Olympiapark gelang und was alle dazu gehört. Das zu verstehen und zu wissen, ist aber entscheidend für die Einsicht in die Verpflichtungen, die heute zu erfüllen sind. Die gestalterisch verantwortliche Wiedereinbettung des Olympiaparks in den politischen und kulturellen Lebensraum Münchens und Deutschlands ist eine Aufgabe allererster Bedeutung."

Wilhelm Vossenkuhl, Philosoph, 26. Oktober 2012

„Mit dem Konzept der ,Synthese von Landschaftsarchitektur, Architektur, Technik und Visuellem Erscheinungsbild' gelang dem Team damals eine gestalterische und bauliche Interpretation, die dem Motto der Spiele, ,einer Olympiade mit menschlichem Maßstab' oder auch ,Spiele im Grünen', auf besondere Weise gerecht wurde. So wurde das Ensemble nicht nur zum Wahrzeichen Münchens sondern gilt darüber hinaus als einzigartiger Beitrag zur Weltarchitektur.

Das Bekenntnis der Leichtigkeit, die bewusste Abkehr von der Monumentalität, wurden so zum Zeichen, zum sichtbaren Ausdruck einer Architektur, die München damals, als Sinnbild für ein verändertes Deutschland, charmant und offen repräsentierte. Diese Botschaft von Weltoffenheit war damals wesentlich und sie ist heute wichtiger und wertvoller denn je.

Ein Werk, das in seiner Einzigartigkeit nur in der kongenialen Zusammenarbeit von Architekten, Landschaftsarchitekten und Ingenieuren entstehen konnte, die gemeinsam mit ihren Bauherren an dieser Vision arbeiteten. Ein Projekt mit Symbolkraft, das für Innovationsfreude, Risikobereitschaft, eben für den Pioniergeist steht und das sich damit durch weit mehr als architektonisches Können auszeichnet."

Laudatio Bayerischer Architekturpreis des BDA, 30. April 2013

„Mit dem Ensemble zu den Olympischen Spielen 1972 hat sich die junge Bundesrepublik Deutschland als eine freie Gesellschaft einen gebauten Ausdruck gegeben, der weltweit große Anerkennung erfahren hat.

Als gebauter Ausdruck politischer Repräsentation ist seit dieser Zeit in Deutschland nichts vergleichbares mehr geschaffen worden. Zudem zeugt das Olympiagelände von dem großen Vertrauen, das die politischen Auftraggeber den jungen Architekten, Ingenieuren, Landschaftsarchitekten und Grafikdesignern entgegengebracht haben. Insgesamt kann die Entstehungsgeschichte dieses Baukomplexes als eine besonders glückliche Fügung in der Geschichte Deutschlands gesehen werden. Auf allen Ebenen konnte der Welt gezeigt werden, dass Deutschland nichts mehr mit der nationalsozialistischen Vergangenheit und der Olympiade 1936 in Berlin zu tun hat.

Nach wir vor wirken Olympiapark und Olympiadach zeitlos schön und sind – im Gegensatz zu vielen anderen Olympiastätten weltweit – mit Leben gefüllt. Mit dieser hohen Wertschätzung durch die Bevölkerung erfüllen die Münchner Sportstätten das Kriterium der ästhetischen Nachhaltigkeit wie kein anderes Bauwerk unserer jüngeren Vergangenheit.

Daher ist die Auszeichnung mit der ‚Klassik-Nike' auch als politisches Zeichen zu verstehen, um die herausragende Bedeutung des Olympiageländes für München wie auch als nationales Symbol zu betonen."

Votum der Jury „Klassik-Nike" des Bundes Deutscher Architekten (BDA), 21. Juni 2013

„Große Baukunst kann, wie beim Münchner Olympiadach von Frei Otto, das ideale Selbstgefühl eines ganzen Landes zum Ausdruck bringen. So wie dieses Dach würden wir unseren Staat und unser Land gerne sehen: souverän und schwungvoll, behütend und transparent, sicher geführt und voller Leichtigkeit."

Joachim Gauck, Bundespräsident, 3. Juli 2015

„Architektur als Landschaft – das Olympiagelände gilt als der wichtigste Beitrag Deutschlands zur Weltbaukultur der zweiten Jahrhunderthälfte."

Gottfried Knapp, "Süddeutsche Zeitung", 26. November 2016

„Es wird immer schwieriger, aber der Olympiapark hätte wegen seiner architektonischen und geschichtlichen Bedeutung gute Chancen, ernannt zu werden."

Michael Petzet, Ehrenpräsident des ICOMOS, 27. November 2016

„Hier ist auf den Resten des Krieges ein Bild des Friedens erdacht, gezeichnet und gebaut worden; hier hat man auf dem Schutt des nationalistischen Wahns die Arme geöffnet für Internationalität; hier wurde auf den Trümmern des Alten die Jugend gerufen; hier hat die hässliche Hauptstadt der Bewegung sich besonnen und gezeigt, wie liebenswert sie sein kann. Hier hat man nicht Gras über die Vergangenheit wachsen lassen, sondern mit Klugheit und Leichtigkeit und Lebensfreude einen radikalen Gegenentwurf zu den monströsen kalten Steinwelten eines Albert Speers ins Werk gesetzt; hier wurde also im Bewusstsein einer verbrecherischen Vergangenheit ein Garten geschaffen, der eine friedliche Zukunft repräsentieren sollte. Die vielen Stätten des Weltkulturerbes in Deutschland sind zumeist gewichtige Gebäude; Dome, Kathedralen, Schlösser; doch nichts darunter ist von der Zeichenfülle weltoffener Friedfertigkeit, die dem Münchner Olympiagelände eignet. Dies muss ins Heute wirken.

Ich kenne keinen anderen deutschen Ort, der diese Zeichen so eindringlich und zugleich mühelos setzt wie unser Olympiapark."

Gert Heidenreich, Schriftsteller, 27. November 2016

Eine Nachlese, ausgewählt von Fritz Auer, anlässlich des Stadtratshearings vom 29. November 2017 zum Thema „Welterbe Olympiapark"

Literaturhinweise

Dokumente

Behnisch & Partner: Arbeitsbericht zur Überdachung der Sportstätten, 4.1.1968/19.2.1968

Behnisch & Partner (vermutlich Jürgen Joedicke): Architekturtheoretische Anmerkungen zum Entwurf, S architektur wettbewerbe Januar 1969, Karl Krämer Verlag Stuttgart

Behnisch & Partner: Erläuterung des Entwurfs, S architektur wettbewerbe Januar 1969, Karl Krämer Verlag Stuttgart

Günter Behnisch: Gesamtwerk Oberwiesenfeld, S architektur wettbewerbe Dezember 1970, Karl Krämer Verlag Stuttgart

Paul Löwenhauser (Geschäftsführer der OBG bis 1969): Vom Wettbewerb zur Bauplanung, S architektur wettbewerbe Januar 1969, Karl Krämer Verlag Stuttgart

Carl Mertz (Geschäftsführer der OBG ab 1970): Bestandsaufnahme, S architektur wettbewerbe Dezember 1970, Karl Krämer Verlag Stuttgart

Carl Mertz: Drei Jahre Olympiabau, S architektur wettbewerbe Juli 1972, Karl Krämer Verlag Stuttgart

Sekundärliteratur

Behnisch & Partner / Fritz Auer: Die Verwirklichung einer Idee, in: Bauen + Wohnen 07/1972

Behnisch & Partner/Christian Kandzia: Bauten und Entwürfe 1952–1974, Verlag Gerd Hatje, Stuttgart 1975

Noel Camillo (Hg.): Der Münchner Olympiapark. Geschichte – Gegenwart – Daten, herausgegeben von der Münchner-Olympiapark-GmbH, Heyne Verlag, München 1982

Werner Durth/Paul Sigel: Heitere Spiele – Olympia in München 1972, in: Baukultur. Spiegel gesellschaftlichen Wandels, Jovis Verlag, Berlin 2009

Carl Heinz Harbeke: Bauten für Olympia 1972, in Zusammenarbeit mit Behnisch & Partner – Christian Kandzia, Harbeke Verlag, München 1972

Fritz Leonhardt/Jörg Schlaich: Vorgespannte Seilnetzkonstruktionen – das Olympiadach in München, in: Der Stahlbau, Wilhelm Ernst & Sohn, Berlin 1973

Godfrid Haberer: Die Entwicklung des Olympiaparks aus methodischer Sicht. Dissertation am IGMA, Universität Stuttgart, 1973

Matthias Hell: München '72. Olympia-Architektur damals und heute, München Verlag, München 2012

Stefanie Hennecke/Regine Keller/Juliane Schneegans (Hg.): Demokratisches Grün – Olympiapark München, jovis Verlag, Berlin 2013

Jürgen Joedicke: Olympische Bauten 1972. Idee und Realität, in: Bauen + Wohnen 07/1972

Christian Kandzia: Architekten Behnisch & Partner. Arbeiten aus den Jahren 1952–1987, Katalog zur Ausstellung in den Goethe-Instituten Rom, Mailand, Neapel, Palermo, Triest, Edition Cantz, Stuttgart 1987

Florian Kinast: Es begann mit einem Damenstrumpf. 40 Menschen – 40 Geschichten, Stiebner Verlag, München 2012

Landeshauptstadt München (Hg.): 30 Jahre Olympiapark. Ausstellung einer Stadtlandschaft, München 2005

Olympia in München. Offizielles Sonderheft der Olympiastadt München, München 1968

Kay Schiller/Christopher Young: München 1972. Olympische Spiele im Zeichen des modernen Deutschland, Wallstein Verlag, Göttingen 2012

Johann-Karl Schmidt/Ursula Zeller (Hg.): Behnisch & Partner: Bauten 1952–1992, Katalog zur Ausstellung in der Galerie der Stadt Stuttgart, Stuttgart 1992

Elisabeth Spieker: Günter Behnisch – die Entwicklung des architektonischen Werkes: Gebäude, Gedanken und Interpretationen, Dissertation, Institut für öffentliche Bauten und Entwerfen der Universität Stuttgart, 2005

Karl Stankiewitz: München 1972. Wie Olympia eine Stadt veränderte, Allitera Verlag, München 2021

Franz-Joachim Verspohl: Stadionbauten von der Antike bis zur Gegenwart. Regie und Selbsterfahrung der Massen, Anabas-Verlag, Gießen 1976

Pressedokumentation ab 1967 (umfangreiche Sammlung im Archiv Fritz Auer)

Bildnachweise

S. 11 u.	Landeshauptstadt München
S. 25 u.	Bayerische Staatsbibliothek München, Bildarchiv, Max Prugger
S. 39 o.	Südwestdeutsches Archiv für Architektur und Ingenieurbau, Karlsruhe
S. 39 u.	SZ Photo (Gerhard Rauchwetter)
S. 48 o.	Olympia-Baugesellschaft, München
S. 48 u.	Ernst Maria Lang, München
S. 59 u.	Südwestdeutsches Archiv für Architektur und Ingenieurbau, Karlsruhe
S. 66–67, 69	Fritz Dressler, Institut für Leichte Flächentragwerke, Stuttgart
S. 80, 81	Bayerische Staatsbibliothek München, Bildarchiv, Max Prugger
S. 82	Dieter Olaf Klama, München
S. 86–87	Rainer Viertlböck, München
S. 115	Maria Mühlberger, München
S. 195	Alessandra Schnellnegger, München
S. 196	Ernst Hürlimann, München

S. 12, 13, 27, 29, 31 M. u. u., 33, 34, 35 o., 35 u., 36, 37, 45, 47, 52, 55, 59 o., 60, 63 u., 83 Archiv Behnisch & Partner

S. 55, 70, 71, 72, 73, 75, 78, 81 o., 133, 153, 171, 178–179, 189
Archiv Behnisch & Partner, Christian Kandzia

S. 11 (o. und M.), 20, 21, 23, 25 o., 28, 31 o., 45 o., 53, 61, 63 o., 76, 77, 149, 169 Archiv Auer

Abbildung Umschlagvorderseite: Bayerische Staatsbibliothek München, Bildarchiv, Max Prugger (oben), Behnisch & Partner (unten)
Abbildung Umschlagrückseite: Behnisch & Partner, Christian Kandzia

Trotz sorgfältiger Recherchen ist es, eingedenk des lang zurückliegenden Zeitraums, nicht in allen Fällen gelungen, die Rechteinhaber der Abbildungen zu ermitteln. Gegebenenfalls bitten der Autor und der Verlag um Benachrichtigng.

Dank

Mein Dank geht an die Geschäftsführung von Auer Weber Assoziierte für die Unterstützung der Publikation, insbesondere an Yvonne Keck-Heizmann im Sekretariat, die mit viel Geduld meine Handschrift ins Lesbare übertragen konnte und an Albine Oster, mitverantwortlich für die Buchgestaltung, die in Juli Braun eine tüchtige Stütze hatte.
Und schließlich danke ich der Geschäftsführung des Verlags Allitera, dass sie sich spontan zur Übernahme der Publikation in ihr Sortiment entschlossen hat.